Oliver Steidle

Motivation und Qualität im Krankenhaus:

Implementierung eines Motivationskonzeptes zum Qualitätsmanagement

Diplomica® Verlag GmbH

Steidle, Oliver: Motivation und Qualität im Krankenhaus: Implementierung eines Motivationskonzeptes zum Qualitätsmanagement, Hamburg, Diplomica Verlag GmbH 2010

ISBN: 978-3-8366-8904-5
Druck: Diplomica® Verlag GmbH, Hamburg, 2010

Bibliografische Information der Deutschen Nationalbibliothek:
Die Deutsche Nationalbibliothek verzeichnet diese Publikation in der Deutschen Nationalbibliografie; detaillierte bibliografische Daten sind im Internet über http://dnb.d-nb.de abrufbar.

Die digitale Ausgabe (eBook-Ausgabe) dieses Titels trägt die ISBN 978-3-8366-3904-0 und kann über den Handel oder den Verlag bezogen werden.

Dieses Werk ist urheberrechtlich geschützt. Die dadurch begründeten Rechte, insbesondere die der Übersetzung, des Nachdrucks, des Vortrags, der Entnahme von Abbildungen und Tabellen, der Funksendung, der Mikroverfilmung oder der Vervielfältigung auf anderen Wegen und der Speicherung in Datenverarbeitungsanlagen, bleiben, auch bei nur auszugsweiser Verwertung, vorbehalten. Eine Vervielfältigung dieses Werkes oder von Teilen dieses Werkes ist auch im Einzelfall nur in den Grenzen der gesetzlichen Bestimmungen des Urheberrechtsgesetzes der Bundesrepublik Deutschland in der jeweils geltenden Fassung zulässig. Sie ist grundsätzlich vergütungspflichtig. Zuwiderhandlungen unterliegen den Strafbestimmungen des Urheberrechtes.

Die Wiedergabe von Gebrauchsnamen, Handelsnamen, Warenbezeichnungen usw. in diesem Werk berechtigt auch ohne besondere Kennzeichnung nicht zu der Annahme, dass solche Namen im Sinne der Warenzeichen- und Markenschutz-Gesetzgebung als frei zu betrachten wären und daher von jedermann benutzt werden dürften.

Die Informationen in diesem Werk wurden mit Sorgfalt erarbeitet. Dennoch können Fehler nicht vollständig ausgeschlossen werden, und der Diplomica Verlag, die Autoren oder Übersetzer übernehmen keine juristische Verantwortung oder irgendeine Haftung für evtl. verbliebene fehlerhafte Angaben und deren Folgen.

© Diplomica Verlag GmbH
http://www.diplomica-verlag.de, Hamburg 2010
Printed in Germany

Inhaltsverzeichnis

Abkürzungsverzeichnis	iii
Abbildungsverzeichnis	iii
Tabellenverzeichnis	iii
1 Einleitung	- 1 -
2 Qualitätsmanagement	- 4 -
2.1 Der Begriff Qualität	- 4 -
2.1.1 Geschichtliche Entwicklung	- 4 -
2.1.2 Philosophische Ansätze	- 7 -
2.1.3 Technische Ansätze	- 8 -
2.1.4 Ökonomische Ansätze	- 8 -
2.1.5 Zusammenfassung der Ansätze	- 9 -
2.2 Kategorisierung nach Garvin	- 10 -
2.3 Bildung von Teilqualitäten	- 16 -
2.4 Qualitätsauffassung	- 18 -
2.5 Qualitätsmanagementsysteme	- 21 -
2.5.1 Allgemeine theoretische Überlegungen	- 21 -
2.5.2 Bestehende Qualitätsmanagementsysteme	- 22 -
2.5.2.1 Qualitätsmanagementsystem des Deutschen Instituts für Normung e. V.	- 22 -
2.5.2.2 Qualitätsmanagementsystem der Kooperation für Transparenz und Qualität im Gesundheitswesen	- 23 -
2.5.2.3 Qualitätsmanagementsystem der European Foundation for Quality Management	- 23 -
2.5.3 Ziele eines Qualitätsmanagementsystems	- 25 -

3 Motivierung zur Qualität — - 27 -

   3.1 Was Motivation bedeutet und
   warum sie zum Arbeiten benötigt wird — - 27 -

   3.2 Extrinsische und intrinsische Motivation — - 30 -

      3.2.1 Das Flow-Konzept — - 31 -

      3.2.2 Das Job-Characteristics-Modell — - 35 -

   3.3 Merkmale und Komponenten zur
   Förderung der intrinsischen Motivation — - 38 -

4 Implementierung — - 43 -

   4.1 Aktionsforschung — - 45 -

   4.2 Vorgehensweise der Aktionsforschung — - 49 -

      4.2.1 Erkundung und Eintritt — - 50 -

      4.2.2 Datenerhebung — - 51 -

      4.2.3 Datenrückkoppelung, Diagnose, Handlungsplanung — - 55 -

      4.2.4 Handlungsausführung — - 59 -

      4.2.5 Erfolgskontrolle — - 60 -

   4.3 Widerstände — - 60 -

5 Zusammenfassung und Ausblick — - 64 -

Literaturverzeichnis — - 65 -

Abkürzungsverzeichnis

Abs.	Absatz
ASQ	Arbeitsgemeinschaft für Qualitätssicherung und Statistik
DIN	Deutsche Institut für Normung
EEA	EFQM Excellence Award
EFQM	European Foundation for Quality Management
EN	Europäische Norm
ISO	International Organization for Standardization
JUSE	Forschergruppe innerhalb der Vereinigung japanischer Wissenschaftler und Ingenieure
KTQ	Kooperation für Transparenz und Qualität im Gesundheitswesen
Nr.	Nummer
QM	Qualitätsmanagement
SAQ	Schweizerische Arbeitsgemeinschaft für Qualitätssicherung
SGB V	Sozialgesetzbuch V

Abbildungsverzeichnis

Abbildung 1: Determinanten motivierten Handelns	- 31 -
Abbildung 2: Das Job-Characteristics-Modell	- 35 -
Abbildung 3: Das Theorie-Praxis-Verhältnis nach konstruktiver Auffassung (Lueken)	- 44 -

Tabellenverzeichnis

Tabelle 1: Fünf Sichtweisen der Qualität	- 14 -

1 Einleitung

Das Qualitätsmanagement gewinnt seit einigen Jahren im Gesundheitswesen, und hier speziell im Krankenhauswesen, an Bedeutung. So ist es seit einigen Jahren, durch den § 135a Abs. 2 Nr. 2 SGB V, für jedes Krankenhaus verpflichtend, ein Qualitätsmanagement aufzubauen und weiterzuentwickeln.

Seit einigen Jahren entsteht der Eindruck, dass die Mitarbeiter im Krankenhaus immer weniger Interesse an Qualitätssicherung und Qualitätsmanagement zeigen. So sehen die Mitarbeiter die entstehenden Aufgaben als eine zusätzliche Belastung. Dieser Eindruck wird wohl dadurch verstärkt, dass die Patienten in Umfragen dem deutschen Gesundheitswesen eine hohe Zufriedenheit zusprechen.

Die Mitarbeiter sehen durch diese Umfragen nicht die Notwendigkeit, um Maßnahmen des Qualitätsmanagements umzusetzen.

Hierin zeigt sich eine negative Entwicklung, da die Mitarbeiter maßgeblich für die Qualität in der medizinischen Versorgung verantwortlich sind. Dieser Entwicklung muss entgegengewirkt werden, da sonst unweigerlich die Qualität darunter leiden wird.

Dieser Eindruck bestätigt sich in der Literaturrecherche. Das Qualitätsmanagement im Krankenhaus ist maßgeblich von einer technisch orientierten Qualitätsauffassung geprägt. Die ersten Überlegungen zu qualitätssichernden Maßnahmen wurden in der produzierenden Industrie angestellt. Hieraus entstand ein technisch geprägter Qualitätsbegriff. Nachdem der Gesetzgeber die Qualitätssicherung und damit das Qualitätsmanagement in das Sozialgesetzbuch verankert hat, wurden die aus der Industrie bekannten Qualitätsauffassungen auf das Krankenhauswesen übertragen. Diese technisch orientierte Qualitätsauffassung kann für ein Krankenhaus nur eingeschränkt Gültigkeit erhalten. In einem Krankenhaus kann es weniger um die technische Qualitätsauffassung gehen, als vielmehr um eine menschlich orientierte Qualitätsauffassung.

Alleine die Mitarbeiter, die im Kontakt mit den Patienten stehen, können Qualität erzeugen, hierzu müssen die Mitarbeiter motiviert werden. Ein Mitarbeiter, der den Sinn seiner Tätigkeit erkennt und diesen als wünschenswertes Ergebnis ansieht, ist motivierter und leistet qualitativ hochwertigere Arbeit.

Dadurch, dass Mitarbeiter im Krankenhaus den Sinn ihrer Tätigkeit wiedererkennen, dass sich die technische Qualitätsauffassung zu Gunsten einer menschlichen Auffassung wandelt und dass die Mitarbeiter offenere Rahmenbedingungen für ihr Handeln zur Verfügung gestellt bekommen, steigt die Qualität, die der Patient wahrnimmt.

Um einen solchen Wandel im Krankenhaus zu erreichen, muss ein Wandel in der Qualitätsauffassung stattfinden. Dieser Wandel kann nur dadurch entstehen, dass eine ausführliche Auseinandersetzung mit dem Begriff Qualität geführt wird. Hieraus kann ein neues, für das Krankenhaus passendes, Qualitätsbewusstsein geweckt werden. Dabei müssen Konzepte gefunden werden, die nicht durch äußere Anreize eine Verhaltensänderung hervorrufen, sondern durch einen inneren Wandel der Mitarbeiter.

Werden diese Überlegungen zusammengeführt, so entsteht ein Konzept, das die Mitarbeiter durch einen Wandlungsprozess in ihrer Qualitätsauffassung aus sich heraus zum Qualitätsmanagement motiviert. Ein solches Konzept sollte dem Anspruch gerecht werden, konkrete Vorschläge zur Implementierung zu enthalten.

In der Wissenschaft liegen einige Untersuchungen vor, die die inneren Anreize untersucht haben. Diese Untersuchungen wurden in der Vergangenheit immer häufiger rezipiert. Dennoch liegen keine Implementierungsvorschläge vor. In diesem Buch wird ein Vorschlag zur Implementierung eines Motivationskonzeptes zum Qualitätsmanagement erarbeitet.

Hierbei geht es nicht nur darum, einen theoretischen Implementierungsvorschlag zu erarbeiten, sondern auch darum, den Wandlungsprozess wissenschaftlich zu begleiten. Durch die wissenschaftliche Begleitung sollen weitere Anregungen zur Verbesserung des Wandlungsprozesses der Qualitätsauffassung gewonnen werden.

Aus diesen Überlegungen heraus ist das vorliegende Buch entstanden. Zu Beginn wird der Begriff Qualität und dessen verschiedene Sichtweisen erläutert. Hieraus wird ein Vorschlag für eine Qualitätsauffassung erarbeitet, die zu einer menschlich orientierten Qualitätsauffassung führen kann. Weiterhin werden Empfehlungen erarbeitet, welche Rahmenbedingungen vorliegen müssen, damit sich die Mitarbeiter aus der Tätigkeit heraus motivieren können. Diese neue Qualitätsauffassung und die vorgestellten Rahmenbedingungen werden in einem Implementierungsvorschlag integriert sein. Dieser

Vorschlag enthält allerdings noch eine wissenschaftlich begleitende Komponente, sodass nach der Implementierung eine wissenschaftliche Auswertung und eine Weiterentwicklung stattfinden kann.

2 Qualitätsmanagement

2.1 Der Begriff Qualität

Bevor Überlegungen angestellt werden, wie Mitarbeiter zum Qualitätsmanagement motiviert werden können, muss die Frage geklärt werden: „Was ist *Qualität?*" Diese Notwendigkeit besteht, da *Motivation* menschliches Verhalten erklärt[1] und in diesem Fall beeinflussen will. Menschliches Verhalten kann nur dann erfolgreich beeinflusst werden, wenn klar ist, in welcher *Richtung*, *Intensität* und *Ausdauer*[2] es verändert werden soll.

Zu Beginn des Buches wird ein geschichtlicher Abriss über die Entwicklung des Qualitätsdenkens gegeben, um anschließend unterschiedliche definitorische Qualitätsansätze aufzuzeigen. Durch Bildung von *Teilqualitäten* wird versucht, die Qualität messbar zu machen. Aus diesen Betrachtungen wird die Grundlage der Qualitätsauffassung gebildet, die diesem Buch zugrunde liegt.

2.1.1 Geschichtliche Entwicklung

Den Einzug in die deutsche Industrie fand der Qualitätsbegriff im späten 19. Jahrhundert. Britische Handelsbehörden verpflichteten die deutschen Exporteure, ihre Produkte mit „Made in Germany" zu kennzeichnen. Diese Kennzeichnung sollte den britischen Markt vor fremden Produkten schützen. Dies wendete sich schnell und die Kennzeichnung wurde zum Synonym für hohe Qualität.[3]

Nach dem Zweiten Weltkrieg musste die Industrie den enormen Nachfrageüberhang befriedigen. Die Aufgabe der Industrie bestand darin, die Produktion von Gütern sicherzustellen bzw. den Produktionsbereich aufzubauen.[4]

---

[1] Vgl. Nerdinger/Blickle/Schaper (2008), S. 426, die bei ihren Ausführungen auf Thomae (1965) verweisen.
[2] Vgl. Nerdinger/Blickle/Schaper (2008), S. 426, die bei ihren Ausführungen auf Thomae (1965) verweisen.
[3] Vgl. Lerner (1980), S. 19.
[4] Vgl. Bruhn (2004), S. 15.

In den sechziger Jahren wandelte sich der Schwerpunkt von der Produktion zum Vertrieb. Die nationale Konkurrenz wuchs und eine stetige Erweiterung des Produktionsangebots erschwerte den Vertrieb.[5]

In dieser Zeit gab es auch in Deutschland schon die ersten theoretischen Arbeiten über Qualität, allerdings fanden diese noch keine Verbreitung in der Industrie. Zu diesem Zeitpunkt beschränkte sich die Qualitätsauffassung noch auf die persönliche Verantwortung des Arbeiters.[6]

Erste Sättigungserscheinungen setzten in den siebziger Jahren ein. Hierdurch veränderten sich die Märkte zu Käufermärkten. Um die Produkte verkaufen zu können, begannen die Unternehmen, die spezifischen Bedürfnisse der Konsumenten zu befriedigen.[7]

Zu diesem Zeitpunkt breitete sich die erste große Qualitätsdiskussion in Deutschland aus. Der größte Teil des deutschen Managements fühlte sich hiervon allerdings wenig betroffen.[8]

Erst der Niedergang der deutschen Phono- und Fotoindustrie rüttelte das gesamte deutsche Management wach. „Die Verbraucher wechselten in Scharen auf japanische Produkte über [...]. Diese Entwicklung auf dem Hifi-Markt kann durch empirische Ergebnisse eindeutig belegt werden."[9] Deutsche Produkte erfüllten hohe Qualitätsstandards, allerdings erfüllten japanische Produkte Konsumentenbedürfnisse.

Bereits 1949 begann in Japan eine wissenschaftliche Erforschung des Begriffes *Qualität*. Eine Forschungsgruppe innerhalb der *Vereinigung japanischer Wissenschaftler und Ingenieure* (JUSE) wurde gebildet.[10]

Die Entwicklung der Qualitätssicherung begann mit der strengen Kontrolle der gefertigten Produkte. Inspekteure kontrollierten die gefertigten Produkte auf ihre Fehlerfreiheit. Dies war auch der erste Schritt in der Entwicklung der Qualitätssicherung in Japan. Allerdings überzeugten sich die Japaner schnell von den vielen Nachteilen der Qualitätssicherung am Ende des Produktionsprozesses.[11] Hierzu bietet Kaoru Ishikawa eine Auflistung von Nachteilen in seinem Beitrag: Qualitätsmanagement – ein Erfolgspotential. „Zusammen-

---

[5] Vgl. Bruhn (2004), S. 16.
[6] Vgl. Masing (1983), S. 96.
[7] Vgl. Bruhn (2004), S. 16.
[8] Vgl. Oess (1989), S. 13.
[9] Oess (1989), S. 13–14.
[10] Vgl. Ishikawa (1983), S. 85.
[11] Vgl. Ishikawa (1983), S. 87.

fassend lässt sich somit feststellen, dass die Inspektion allein Probleme schafft und unwirtschaftlich ist."[12]

Bereits 1949, und damit früher als die westlichen Unternehmen, begannen die Japaner, die Qualitätssicherung durch Beherrschung des Produktionsprozesses zu sichern. Unter dem Motto „Qualität und Zuverlässigkeit sind während des Herstellungsprozesses in das Produkt einzubauen"[13] wurden zu diesem Zeitpunkt bereits die Verkaufs- und Einkaufsabteilung, die Arbeitsvorbereitung und die Fabrikation sowie die Unterlieferanten in die Qualitätssicherung mit einbezogen.[14]

Anfang der Sechziger wurde in Japan damit begonnen, die Qualitätssicherung auf die Entwicklung neuer Produkte auszudehnen. Das Einbeziehen aller Mitarbeiter wurde damit notwendig.[15]

Hier zeigt sich, dass die Japaner wesentlich früher mit der Steuerung und Kontrolle von Qualität begonnen haben.

„[...] [Walter Masing] gilt insbesondere in Deutschland als Wegbereiter der modernen, industriellen Qualitätswissenschaft."[16]

Dieser geschichtliche Abriss zeigt, dass die ganze Phono- und Fotoindustrie, „[...] in den 50er Jahren der Stolz der Nation [...]"[17], niedergehen musste, bis die Qualität im deutschen Management thematisiert wurde.

Der viel wichtigere Aspekt in diesem geschichtlichen Abriss ist allerdings, dass sich die Betrachtung der Qualität aus dem japanischen heraus von dem Ende des Produktionsprozesses sukzessive zum Anfang des Produktionsprozesses verschoben hat.

In den unterschiedlichen definitorischen Ansätzen des Begriffes *Qualität* zeigt sich ebenfalls eine Entwicklung. Diese Ansätze werden im Folgenden aufgezeigt.

---

[12] Ishikawa (1983), S. 88.
[13] Ishikawa (1983), S. 89.
[14] Vgl. Ishikawa (1983), S. 89.
[15] Vgl. Ishikawa (1983), S. 89.
[16] Kamiske/Brauer (2008), S.53.
[17] Oess (1989), S. 14.

2.1.2 Philosophische Ansätze

Der Versuch, den Begriff *Qualität* zu definieren, lässt sich bis zu Aristoteles zurückverfolgen[18]. In einem Lexikon der Philosophie findet sich folgende Definition: Qualität ist „[…] eine Kategorie, unter die die Aussagen über – zumeist sinnlich wahrnehmbare – ›wesentliche‹ Eigenschaften von Gegenständen fallen, bzw. ontologisch[19] das System derjenigen Eigenschaften, die ein Ding zu dem machen, was es ist, und es von anderen Dingen unterscheiden."[20]

Diese oder eine ähnliche Definition findet sich in unterschiedlichen Lexika der Philosophie wieder. Der einzige strittige Punkt unter den Philosophen scheint die Unterscheidung des Begriffes zu sein. So unterscheidet Aristoteles *objektive* und *subjektive Qualitäten*.[21] Galileo Galilei, René Descartes, Isaac Newton, John Locke u. a. unterscheiden *primäre* und *sekundäre Qualitäten*, wobei sie hier das Gleiche meinen wie Aristoteles.[22] Unter *primären/objektiven Qualitäten* werden Eigenschaften verstanden, „[…] die Dinge […] objektiv besitzen, d.h. unabhängig von unserer Wahrnehmung. Hierzu gehören Ausdehnung, Form, Bewegung, Anzahl und Größe. […] Sekundäre Qualitäten – Farben, Laute, Gerüche, Wärme, Geschmack, Härte usw. – sind Eigenschaften, die die Dinge nicht an sich besitzen, sondern nur insofern, als wir sie wahrnehmen."[23]

Diese Unterscheidung wurde von George Berkeley und David Hume als falsch erachtet. Sie erklärten „[…] alle Qualitäten zu subjektiven Qualitäten."[24] George Berkeley argumentierte, dass alle Qualitäten von der Wahrnehmung abhängig seien.[25]

Die Definition der Philosophen lässt sich auch aus der Herkunft des Wortes *Qualität*, lateinisch qualitas: Beschaffenheit, Eigenschaft[26], griechisch poiotes: Eigenschaft[27], ableiten.

---

[18] Vgl. Mittelstraß (Hrsg., 2004), S. 428.
[19] Ontologie, Lehre vom Sein, von der Ordnungs-, Begriffs- u. Wesensbestimmungen des Seienden. Wermke/Kunkel-Razum/Scholze-Stubenrecht (2007), S. 730.
[20] Mittelstraß (Hrsg., 2004), S. 428.
[21] Vgl. Mittelstraß (Hrsg., 2004), S. 428.
[22] Vgl. Hügli/Lübcke (Hrsg., 2001), S. 522.
[23] Hügli/Lübcke (Hrsg., 2001), S. 522.
[24] Mittelstraß (Hrsg., 2004), S. 428.
[25] Vgl. Hügli/Lübcke (Hrsg., 2001), S. 522.
[26] Vgl. Mittelstraß (Hrsg., 2004), S. 428.

Qualität ist also eine Kategorie, die durch die Wahrnehmung der Eigenschaften entsteht.

Diese Darstellung der philosophischen Ansätze erhebt bei weitem nicht den Anspruch der Vollständigkeit. Hier soll lediglich darauf verwiesen werden, dass die Unterscheidung in *objektive* und *subjektive Qualitäten* bereits in den philosophischen Ansätzen berücksichtigt worden ist.

2.1.3 Technische Ansätze

Als in den siebziger Jahren die erste Qualitätsdiskussion aufkam, wurde versucht, *Qualität* zu definieren. Diese Definitionen bezogen sich viel mehr auf die Qualität von Produkten und weniger auf die von Dienstleistungen. Erst später wurde die Qualität von Dienstleistungen definiert.

Die technischen Ansätze sind eher von einer objektiven Sichtweise geprägt. Sie zielen auf die Produktion eines immer gleichen Produktes ab. So nannte es Rudolf Dögl einen „Soll-/Ist Vergleich von Merkmalen"[28]. Bei einer Abweichung führe es unweigerlich zu einer schlechteren Qualität.

Durch die Verlagerung der Qualitätssicherung vom Ende des Produktionsprozesses hin zum Anfang konnten erhebliche Fortschritte realisiert werden. Wenn schon keine Fehler während der Entwicklung geschähen, werde am Ende weniger Ausschuss produziert, so die Argumentation der späteren technischen Ansätze.

So sind diese Ansätze im Kern immer noch sehr von einem Verkäufermarkt geprägt.

2.1.4 Ökonomische Ansätze

Durch die ökonomischen Ansätze wird die Sichtweise des Qualitätsbegriffes umfassender. So sind es nicht nur objektive Eigenschaften, die ein Produkt hat, sondern es wird begonnen, die Wahrnehmung der Konsumenten mit

---

[27] Vgl. Hügli/Lübcke (Hrsg., 2001), S. 522.
[28] Dögl (1986), S. 90.

einzubeziehen. Wie in den anderen Ansätzen auch, ist es nicht möglich, im ökonomischen Ansatz eine einheitliche Definition zu finden. In den ökonomischen Ansätzen wird Qualität in *objektive* und *subjektive* Qualitäten unterschieden. Dies sollen wesentliche Anhaltspunkte für die Definition von *Qualität* sein. Welche der beiden Komponenten die eigentliche Qualität ist, kann nicht beantwortet werden. So stehen die beiden Komponenten ohne direkten Bezug nebeneinander. In diesem Ansatz findet eine Rückbesinnung auf die philosophischen Ansätze statt.[29]

2.1.5 Zusammenfassung der Ansätze

Keine Diskussion führte zu einer einheitlichen Definition. Eine schier unüberschaubare Anzahl von Autoren versuchte, den Begriff *Qualität* zu definieren. Der größte Teil der Definitionen hat seine Berechtigung und muss unter den jeweiligen Bedingungen akzeptiert werden.
Eine exemplarische Auswahl von Definitionen bietet Maria Oppen (1996):

- „Das Problem mit der Definition von Qualität ist die Übersetzung zukünftiger Bedürfnisse der Nutzer in messbare Charakteristika, nach denen das Produkt zufriedenstellend designed und produziert werden kann, und zwar zu einem Preis, den der Abnehmer auch zahlen wird (Shewhart 1931)
- Quality means best for certain customer conditions. These conditions are a) the actual use and b) the selling price (Feigenbaum 1961)
- Quality is fitness for use (Juran 1974)
- Quality is conformance to requirements (Crosby 1979)
- Qualität muss am Zusammenwirken dreier Faktoren gemessen werden: dem Produkt, dem Benutzer und der Anleitung/Unterstützung des Gebrauchs (Deming 1982)
- Delivering quality service means conforming to customer expectations on a consistent basis (Lewis/Booms 1983)

---
[29] Vgl. Kaltenbach (1993), S. 70.

- Qualität ist die Beschaffenheit (Gesamtheit der Merkmale und Merkmalswerte) einer Einheit (materielle und immaterielle Gegenstände der Betrachtung) bezüglich ihrer Eignung, festgelegte und vorausgesetzte Erfordernisse zu erfüllen (DIN 1987)
- Qualität heißt den Kunden zufriedenstellen; sie ist in den Herstellungsprozess eingebaut durch kontinuierliche Verbesserung der Standards unter Einbeziehung aller Beschäftigten (Lillrank/Kano 1989)."[30]

Aus dieser Vielzahl von Definitionen kam es zum einen zur Bildung der fünf Sichten nach David A. Garvin, zum anderen – um Qualität handhabbar zu machen – zur Bildung von Teilqualitäten.

2.2 Kategorisierung nach Garvin

David A. Garvin stellte einen pragmatischen Ansatz zur Einteilung der verschiedenen Sichtweisen von Qualität vor. Dieser Ansatz basiert auf fünf verschiedene Sichtweisen, in denen die unterschiedlichen Qualitätsdefinitionen kategorisiert werden können. Die Sichtweisen sind nicht getrennt voneinander zu verstehen, sie können auch untereinander verknüpft werden. Durch die Verknüpfung der Sichtweisen wird die Vielschichtigkeit des Begriffes deutlich. Durch die Vielzahl von unterschiedlichen Qualitätsauffassungen geschieht es häufig, dass in Qualitätsdiskussionen aneinander vorbeigeredet wird. Um diesem Auffassungsproblem nicht zu unterliegen, sollte sich zu Beginn auf eine gemeinsame Sichtweise oder eine Verknüpfung von Sichtweisen geeinigt werden.[31]

Folgende fünf Sichtweisen unterscheidet David A. Garvin:[32]

- *Die transzendente Sichtweise*
  Hier wird Qualität als etwas gesehen, das „die Grenzen der Erfahrung und der sinnlich erkennbaren Welt überschreitet."[33] Qualität ist

---
[30] Oppen (1996), S. 13.
[31] Vgl. Kamiske/Brauer (2008), S. 178.
[32] Vgl. Garvin (1984), S. 25–28; Kamiske/Brauer (2008), S. 177–178; Oppen (1996), S. 13–15; Kaltenbach (1993), S. 73–75; und andere.

etwas Einzigartiges, etwas Perfektes oder Absolutes, das sich „jedem Vergleich entzieht" oder für das „kein Preis zu hoch ist"[34].

„[…] [Sie] ist nicht präzise zu definieren und wird nur durch Erfahrung empfunden."[35]

- *Die produktbezogene Sichtweise*

    Nach dieser Sichtweise ist Qualität präzise und messbar. Ein Produkt hat eine bestimmte Anzahl an Eigenschaften. Anhand der gewünschten Eigenschaften, die das Produkt erfüllt, kann dieses einem bestimmten Rang auf einer Qualitätsskala zugeordnet werden. Zum Beispiel hat ein qualitativ hochwertiger Teppich eine hohe Anzahl an Knoten pro Quadratzentimeter.[36]
    Diese Sichtweise setzt eine identische Bewertung der Konsumenten voraus. Aus diesem Ansatz folgt, dass bessere Qualität nur mit höheren Kosten erreicht werden kann. Die obengenannte DIN-Norm entspricht dieser Sichtweise.[37]

- *Die anwenderbezogene Sichtweise*

    „Qualität liegt im Auge des Betrachters und weniger im Produkt, individuelle Konsumenten haben unterschiedliche Wünsche und Bedürfnisse, wobei diejenigen Güter, welche diese Bedürfnisse am besten befriedigen, als qualitativ besonders hochstehend betrachtet werden."[38]
    Die obengenannte Definition von Joseph M. Juran kommt dieser Sichtweise nahe.[39]

- *Die prozessbezogene Sichtweise*

    „Jede Abweichung von den vorgegebenen Anforderungen bedeutet eine Minderung der Qualität und ist zugleich mit Kosten verbunden,

---

[33] Wermke/Kunkel-Razum/Scholze-Stubenrecht (2007), S. 1052.
[34] Oppen (1996), S. 13.
[35] Kamiske/Brauer (2008), S. 178.
[36] Vgl. Garvin (1984), S. 25–26.
[37] Vgl. Oppen (1996), S. 13–14.
[38] Kamiske/Brauer (2008), S. 178.
[39] Vgl. Oppen (1996), S. 14.

die die fehlerhafte Produktion nach sich zieht durch Fehlerbeseitigung oder Kundenabwanderung. Bei diesem Ansatz, der auf die interne (statische) Fehlerkontrolle fokussiert ist, kommen die KonsumentInneninteressen tendenziell zu kurz, für die ein anforderungsgerechtes [Produkt] noch kein Qualitätsprodukt darstellen muss."[40]

- *Die Preis-Nutzen-bezogene Sichtweise*
  In dieser Sichtweise wird Qualität über den Preis und die Kosten definiert. Bei der Herstellung eines bestimmten Qualitätsniveaus fallen Kosten in bestimmter Höhe an. Um ein bestimmtes Produkt mit einem bestimmten Niveau zu erwerben, muss der Kunde einen bestimmten Preis zahlen. Das Ergebnis dieser Sichtweise ist die „bezahlbare Qualität". Allerdings lässt diese Sichtweise definierte Grenzen vermissen. Jeder Kunde hat ein anderes Verständnis von „bezahlbarer Qualität".[41]

David A. Garvin analysierte Qualitätsdefinitionen. Während dieser Analyse stellte er fest, dass sich die Definitionen unter verschiedenen Sichtweisen kategorisieren lassen. Exemplarisch ordnete er einige Definitionen in die Sichtweisen ein.[42] Die untenstehende Tabelle wurde um die von Rudolf Dögl eingeordneten Definitionen ergänzt.[43]

transzendentbezogen	Quality is neither mind nor matter, but a third entity independent of the two . . . even though Quality cannot be defined, you know what it is.[44]
	. . . a condition of excellence implying fine quality as distinct from poor quality . . . . Quality is achieving or reaching for the highest standard as against being satisfied with the sloppy or fraudulent.[45]

---

[40] Oppen (1996), S. 14.
[41] Vgl. Oppen (1996), S. 14–15.
[42] Vgl. Garvin (1984), S. 26.
[43] Vgl. Dögl (1986), S. 81.
[44] Pirsig (1974), S. 185.
[45] Tuchman (1980), S. 38.

produktbezogen	Differences in quality amount to differences in the quality of some desired ingredient or attribute.[46] Quality refers to the amount of the unpriced attributes contained in each unit of the priced attribute.[47]
anwenderbezogen	Quality consists of the capacity to satisfy wants.[48] Quality is the degree to which a specific product satisfies the wants of a specific consumer.[49] In the final analysis of the marketplace, the quality of a product depends on how well it fits patterns of consumer preferences.[50] Quality is fitness for use.[51] Qualität ist die Gesamtheit von Eigenschaften und Merkmalen eines Produktes oder einer Tätigkeit, die sich auf deren Eignung zur Erfüllung gegebener Erfordernisse beziehen.[52] Qualität eines Gutes (Erzeugnisses, Ware) ist diejenige Beschaffenheit, die es für seinen Verwendungszweck geeignet macht.[53] Qualität eines Gutes oder einer Dienstleistung ist diejenige Beschaffenheit, die es bzw. sie für die Erfüllung vorgegebener Forderungen geeignet macht.[54]
preis-Nutzen-bezogen	Quality is the degree of excellence at an acceptable price and the control of variability at an acceptable cost.[55] Quality means best for certain customer conditions. These conditions are a) the actual use and b) the selling price of the product.[56]

---

[46] Abbott (1955), S. 126–127.
[47] Leffler (1982), S. 956.
[48] Edwards (1968), S. 37.
[49] Gilmore (1974), S. 16.
[50] Kuehn/Day (1962), S. 101.
[51] Juran (1974), S. 2.
[52] DIN (1979).
[53] ASQ (1968), S. 4.
[54] SAQ (1973), S. 8.
[55] Broh (1982), S. 3.
[56] Feigenbaum (1961), S. 1.

prozessbezogen	Quality (means) conformance to requirements.[57]
	Quality is the degree to which a specific product conforms to a design or specification.[58]
	Qualität ist Übereinstimmung von Anweisung und Ausführung.[59]
	Qualität ist Übereinstimmung von Vorhaben und Ausführung.[60]
	Qualität ist die relative Fehlerfreiheit des Erzeugnisses bzw. Loses.[61]

Tabelle 1: Fünf Sichtweisen der Qualität (modifiziert nach Garvin, D. A., 1984: S. 26; ergänzt um Dögl, R., 1986: S. 81)

Rudolf Dögl lässt die *transzendente Sichtweise* außen vor, da diese „[...] Gruppe der abstrakten Definitionsansätze des philosophischen Bereichs [...]"[62] nur am Rande für die praxisbezogene betriebswirtschaftliche Fragestellung relevant ist.[63]

Die *produktbezogene*, die *anwenderbezogene* und die *Preis-Nutzen-bezogene Sichtweise* fasst Rudolf Dögl zur „Qualität des Gutes" und die *prozessbezogene Sichtweise* zur „Qualität der Erzeugung" zusammen.[64]

Die Sichtweisen von David A. Garvin zeigen Konfliktpotentiale innerhalb eines Unternehmens auf. So konkurrieren nicht nur die Qualitätsdefinitionen, die den Konsumenten oder den Produzenten in den Fokus der Betrachtung stellen, sondern es konkurrieren auch die Ansichten einzelner Abteilungen innerhalb eines Unternehmens. So wird die Marketingabteilung eine Definition der *anwenderbezogenen Sichtweise* vorziehen und die Produktion eine *produktbezogene* Definition.

Diese unterschiedlichen Qualitätsauffassungen bieten ein erhebliches Konfliktpotential, das sich in Kommunikationsproblemen äußert. Die Produktion bewertet ein Produkt als gut, der Vertrieb bewertet das gleiche Produkt als schlecht. Das Produkt ist fehlerfrei produziert worden und erfüllt die vorgege-

---

[57] Crosby (1979), S. 15.
[58] Gilmore (1974), S. 16.
[59] Vgl. Masing (1980), S. 4.
[60] Wucher (1981), S. 11.
[61] Vgl. Masing (1972), S. 8.
[62] Dögl (1986), S. 79.
[63] Vgl. Dögl (1986), S. 79.
[64] Vgl. Dögl (1986), S. 81.

benen Anforderungen. Die Vertriebsabteilung ist mit dem Produkt nicht zufrieden, da es nicht den Anforderungen des Kunden entspricht.

Dieses Konfliktpotential kann nur gewandt werden, wenn diese verschiedenen Sichtweisen nicht nur akzeptiert, sondern geradezu kultiviert werden. So ist das Vertrauen auf eine einzelne Definition häufig eine Quelle von Problemen.

Nach David A. Garvin kann ein Qualitätsprodukt nur durch einen Prozess entstehen. Dieser Prozess beginnt mit der Identifizierung der Kundenanforderungen durch Marktforschung. Diese Anforderungen müssen in Produkteigenschaften übersetzt werden. Der Produktionsprozess muss sicherstellen, dass das Produkt genau diese Produkteigenschaften erfüllt. Ein Prozess, der einen dieser Schritte ignoriert, wird im Ergebnis keine Produktqualität erzeugen. Um Produktqualität zu erzeugen, muss auf die anwenderbezogene, eine produktbezogene und abschließend eine prozessbezogene Sichtweise folgen. Jeder dieser drei Schritte ist erforderlich und muss kultiviert werden.

David A. Garvin bemängelt bei allen existierenden Ansätzen, dass diese nicht ausreichend auf Kundenanforderungen eingingen.[65]

Um über Produktqualität nachzudenken, bietet David A. Garvin acht Dimensionen an. Auf diese Dimensionen wird hier jedoch nicht weiter eingegangen, da es sich für ein Krankenhaus nicht anbietet, über produktbezogene Eigenschaften nachzudenken.

Wie das bisher Geschriebene zeigt, wurde bereits viel über Qualität veröffentlicht. Es wurden Definitionen entwickelt und diese Definitionen wurden in Sichtweisen kategorisiert; diese Sichtweisen wurden dann wiederum zusammengefasst. All diese Überlegungen sind wichtig für die Annäherung an den wirklichen Begriff *Qualität*, allerdings bleibt der Begriff für Praktiker wenig handhabbar. Um Qualität messbar zu machen, können verschiedene *Teile* gebildet werden. Zur Bildung von *Teilqualitäten* gibt es ebenfalls eine nahezu unüberschaubare Anzahl von Ansätzen. Im folgenden Kapitel werden die wohl bekanntesten Teilqualitäten für das Gesundheitswesen beschrieben.

---

[65] Vgl. Garvin (1984), S. 29.

2.3 Bildung von Teilqualitäten

Eine weitere Möglichkeit, *Qualität* zu operationalisieren, bietet die Bildung von *Teilqualitäten*. Grundlegende Arbeiten zur Bildung von Teilqualitäten im Gesundheitswesen gehen auf Avedis Donabedian zurück.[66]
Er unterscheidet Qualität in *Struktur-*, *Prozess-* und *Ergebnisqualität*. Avedis Donabedian selbst warnt vor einer Trennung dieser Bereiche. Die Teilqualitäten sind in der Praxis voneinander abhängig.[67]

Unter der *Strukturqualität* verstehen sich relativ stabile Merkmale[68], die meist nur über einen langen Zeitraum zu beeinflussen sind.
Hierzu zählen die Menschen, die physischen und die finanziellen Ressourcen, die für das Anbieten von medizinischen Leistungen erforderlich sind. Die Strukturqualität umfasst die Anzahl, die Verteilung und die Qualifikation der Mitarbeiter, des Weiteren die Anzahl, die Größe, die Ausstattung und die geographische Lage eines Krankenhauses.[69]

Die *Prozessqualität* „[…] beinhaltet die Durchführung aller Leistungen sowohl am Patienten direkt, wie Diagnose und Therapie, als auch in der Verwaltung und der Spitalerhaltung."[70]
Hierbei geht es um das Merkmalsbündel *Versorgungsablauf*. Hierunter fallen alle Aktivitäten, die zwischen dem Patienten, den Krankenhausmitarbeitern, der Einrichtung und der Ausstattung stattfinden.[71] Durch das Befolgen der anerkannten Regeln der medizinischen Wissenschaft sowie durch die Berufspraxis der Mitarbeiter werde ein hochwertiges Behandlungs- und Pflegeergebnis erzielt, so die Hypothese.[72]

Alle Maßnahmen, die zur Auswertung und Verbesserung nach der Leistungserbringung durchgeführt werden, zählen zur *Ergebnisqualität*.[73] „Dazu

---
[66] Vgl. Mühlbauer (2002), S. 2.
[67] Vgl. Niechzial (2007), S. 227.
[68] Vgl. Donabedian (1980), S. 81.
[69] Vgl. Donabedian (1980), S. 81.
[70] Maurer/Schebesta (1997), S. 14.
[71] Vgl. Eichhorn (1987), S. 40.
[72] Vgl. Eichhorn (1987), S. 40.
[73] Vgl. Maurer/Schebesta (1997), S. 14.

gehört die Sammlung des Erfahrungsrückflusses aus nachträglich gewonnen Daten, die Beobachtung therapiebedingter Komplikationen, die Archivierung und Auswertung von Krankengeschichten etc."[74] Hier wird die Frage nach der Zielerreichung geklärt.

Die *Ergebnisqualität* wird ferner noch in *Output* und *Outcome* unterschieden. Der Output stellt die quantifizierte Form der Leistung dar, hierunter sind zum Beispiel die Fall- und Patientenzahl oder die Anzahl an Operationen zu verstehen. Der Outcome beschreibt die Verbesserung bzw. die Stabilisierung der Lebensqualität der Patienten.[75]

Siegfried Eichhorn stellt die Hypothese auf, dass „[...] quantitativ und qualitativ ausreichendes Personal sowie eine hochwertige und leistungsfähige technische Einrichtung und Ausstattung in Verbindung mit einer guten Organisation auch ein qualitativ hochwertiges, medizinisches/pflegerisches Leistungsgeschehen und damit auch ein qualifiziertes Behandlungsergebnis bewirken [...]."[76]

Nach dieser Hypothese ist Ergebnisqualität das Ergebnis der Addition von Struktur- und Prozessqualität. Ergebnisqualität entsteht aus der Gleichung heraus.

Auch wenn die Teilqualitäten nach Avedis Donabedian im Gesundheitswesen einen breiten Zuspruch erhalten haben, sind sie nicht frei von Kritik. Außerdem bilden sie nur Teilqualitäten, aus denen sich die Qualität ableiten lassen soll, aber sie bieten keine Definition.

Eine Erläuterung der Qualitätsauffassung, die diesem Buch zugrunde liegt, folgt im nächsten Abschnitt.

---

[74] Maurer/Schebesta (1997), S. 14.
[75] Vgl. Mühlbauer (2002), S. 2, der bei seinen Ausführungen auf Badura et al. (1993) und Eichhorn (1997) verweist.
[76] Eichhorn (1987), S. 41.

2.4 Qualitätsauffassung

Nachdem in den vorherigen Ausführungen die Schwierigkeiten aufgezeigt wurden, die in der Definition des Begriffes *Qualität* liegen, wird in diesem Abschnitt eine Qualitätsauffassung vorgestellt, die diesem Buch zugrunde liegt. Diese Auffassung versteht sich nur als ein weiterer Vorschlag den Begriff *Qualität* zu definieren.

Die Grundlage dieses Buches ist die subjektive Wahrnehmung von Qualität. Zu Beginn wurde auf die Unterscheidung der Philosophen hingewiesen, die den Begriff *Qualität* in *objektive* und *subjektive Qualitäten* unterteilt haben.

Avedis Donabedian unterscheidet bei seinen ersten Überlegungen[77] die medizinische Behandlung und damit deren Qualität in „*technical*" und „*interpersonal quality*".[78] Die Bildung der obengenannten *Teilqualitäten* sollte später den Begriff *Qualität* konkretisieren.[79]

Unter *technical care* versteht Avedis Donabedian die Anwendung von Wissenschaft und Technologie der Medizin[80] – also die wissenschaftlichen Standards und Technologien in der Behandlung von Krankheiten.

Unter der *interpersonal care* fasst er die zwischenmenschlichen Beziehungen zusammen, die bei der medizinischen Behandlung entstehen. Hierunter ist die soziale und psychologische Komponente zwischen Krankenhausmitarbeitern und Patienten zu verstehen.[81]

Eine weitere Teilqualität sind die *amenities*, also die Annehmlichkeiten. Diese Merkmale sind beispielsweise ein angenehmer und erholsamer Warteraum, saubere Bettlaken, ein komfortables Bett, ein Telefon am Bett, gutes Essen und so weiter. Hierbei scheint es aber so zu sein, dass diese Annehmlichkeiten gelegentlich Eigenschaften der medizinischen Behandlung sind. In erster Linie soll diese dritte Teilqualität als ein Teil der zwischenmenschlichen Beziehung verstanden werden. Dies ist so, weil die Annehmlichkeiten einen bedeutenden Teil zur Patientenzufriedenheit beitragen.[82]

---

[77] Vgl. Donabedian (1980), S. 4.
[78] Vgl. Kaltenbach (1993), S. 78.
[79] Vgl. Donabedian (1980), S. 79.
[80] Vgl. Donabedian (1980), S. 4.
[81] Vgl. Donabedian (1980), S. 4.
[82] Vgl. Donabedian (1980), S. 5.

Somit unterteilt Avedis Donabedian Qualität in *technische* und *zwischenmenschliche Behandlung*. Allerdings weist Avedis Donabedian darauf hin, dass die zwischenmenschliche Beziehung die technische Behandlung beeinflussen kann.[83]

Unter Berücksichtigung der *Compliance* von Patienten ist dieser Einfluss recht einfach nachzuvollziehen. Bei einem Patienten, der die Medikamente verweigert, kann die technische Behandlung noch so gut sein, sie wird aber nicht zum Erfolg führen. Hierbei kann nur die zwischenmenschliche Beziehung eine Änderung bewirken. Eine gute zwischenmenschliche Beziehung wird die Compliance des Patienten erhöhen, so die Hypothese.

Um auf die Unterscheidung in technical und interpersonal care zurückzukommen: Diese Unterscheidung ist richtig und sollte in die Überlegungen mit einfließen. Allerdings impliziert diese Unterscheidung eine objektive Wahrnehmung der technical quality. Diese Auffassung wird in diesem Buch nicht geteilt. Im Mittelpunkt dieses Buches steht der Patient, also eine anwenderbezogene Sichtweise. Ein Patient verfügt in den meisten Fällen nicht über das Wissen oder ist nicht in der Lage, eine objektive Beurteilung abzugeben. Dem Patienten ist es allerdings wohl möglich, eine subjektive Wahrnehmung der Behandlung vorzunehmen. Somit muss die Unterteilung von Avedis Donabedian unter der subjektiven Wahrnehmung des Patienten verstanden werden.

In diesem Buch geht es um die Erweiterung des meist technisch verstandenen Qualitätsmanagements im Krankenhaus. Die Ursache für diese Art von Qualitätsauffassung liegt in der historischen Entwicklung begründet. So geht die Entwicklung in anderen Wirtschaftsbereichen bereits weiter und entwickelt sich weg von der technisch verstanden Qualitätsauffassung. Hierzu sei unter anderem auf Philip B. Crosby[84] verwiesen.

Der Autor folgt der Forderung von Bernd H. Mühlbauer um die Erweiterung der Qualitätsauffassung einer transzendenten Sichtweise.[85] Allerdings, um diese Sichtweise zu erreichen, muss der Fokus um eine anwenderbezogene Sichtweise erweitert werden. So kann die transzendente Sichtweise als Ideal betrachtet werden, die es zu erreichen gilt.

---

[83] Vgl. Donabedian (1980), S. 4.
[84] Vgl. Crosby (1994).
[85] Vgl. Mühlbauer (2002), S. 16.

Aus der Überzeugung heraus und den Philosophen George Berkeley und David Hume folgend, muss jede Qualität unter einer subjektiven Sichtweise betrachtet werden. Hier sollten die Patienten und deren Wahrnehmung im Mittelpunkt aller Überlegungen stehen. Der Patient ist im Krankenhaus der Leistungsempfänger, diesen gilt es mit der Qualität der Behandlung zu überzeugen.

Ein weiterer Schwerpunkt sind die Mitarbeiter: Nur diese können eine zwischenmenschliche Beziehung zu einem Patienten aufbauen. Dem Patienten wird damit das Gefühl vermittelt, gut versorgt zu sein und einen kompetenten Ansprechpartner zu haben. Nur die Mitarbeiter können dem Patienten die Angst und die Unsicherheit vor der ungewohnten Situation nehmen.

Ganz im Sinne der anwenderbezogenen Sichtweise liegt Qualität im Auge des Betrachters. Hierunter ist primär der Leistungsempfänger zu verstehen, sekundär die Mitarbeiter des Krankenhauses, da diese die Leistung erbringen.

Gute Leistung und damit gute Qualität kann nur durch Menschen erbracht werden. Ein Mitarbeiter, der weiß, „Was" und „Wie" er eine Leistung erbringt, der vor allem aber weiß, „Warum" er eine Leistung erbringt, kann Qualität erzeugen.[86]

Ein Mitarbeiter, der weiß, „Warum" er eine Leistung erbringt oder eine Tätigkeit ausführt, erkennt den Sinn in seiner Tätigkeit, und hierdurch kann er sich motivieren. Eine gesteigerte Motivation führt zu einer erhöhten Arbeitszufriedenheit und aus dieser entsteht eine qualitativ hochwertige Leistung, die der Patient, als Leistungsempfänger, spürt. Ein Patient, der die Leistung eines Krankenhauses mit einer guten Qualität beurteilt, empfiehlt das Krankenhaus weiter und sichert somit den Fortbestand des Krankenhauses.

Mitarbeiter, die diese Denkkette verstehen und Unterstützung durch geeignete Rahmenbedingungen erhalten, sind motivierter bei der Arbeit.

Der Vorschlag zur Definition des Begriffes *Qualität* wird wie folgt zusammengefasst:

„Qualität ist die Erfüllung von Kundenanforderungen unter Berücksichtigung des medizinischen Aspektes."

---

[86] Vgl. Mühlbauer (2002), S. 16.

In diesem Vorschlag wird der Begriff *Kunde* verwendet, da hierunter die Patienten, gleichfalls aber auch die Mitarbeiter verstanden werden können.

Die praktische Umsetzung dieser doch sehr einfachen Qualitätsdefinition ist schwerer, als zunächst anzunehmen ist. Allerdings wird nachfolgend ein Konzept erarbeitet, wie eine Implementierung eines Qualitätsmanagementsystems, welches dieser Qualitätsdefinition folgt, erfolgen kann. Hierbei geht es im Fokus um den Mitarbeiter, der allerdings in der grundsätzlichen Auffassung nur im sekundären Fokus steht. In dem hier erläuterten Konzept wird es so wirken, als sei der Fokus auf den Mitarbeiter gelegt. Dies geschieht aber nur, weil der Mitarbeiter derjenige ist, der Qualität erzeugen kann. Diese wird dann vom Patienten wahrgenommen.

Im folgenden Kapitel wird geklärt, was ein Qualitätsmanagementsystem ist, und die bekanntesten Systeme werden vorgestellt.

2.5 Qualitätsmanagementsysteme

2.5.1 Allgemeine theoretische Überlegungen

Im § 135a Abs. 2 Nr. 2 SGB V verpflichtet der Gesetzgeber die Leistungserbringer, ein einrichtungsinternes Qualitätsmanagement einzuführen und weiterzuentwickeln.[87] Hier wird aber nicht näher darauf eingegangen, was unter einem Qualitätsmanagement zu verstehen ist.

Das *Deutsche Institut für Normung e. V.* definiert in der DIN EN ISO 9000:2000 ein Managementsystem als ein System „zum Festlegen von Politik und Zielen sowie zum Erreichen dieser Ziele".[88]

Ein Qualitätsmanagementsystem ist ein „Managementsystem (3.2.2) zum Leiten und Lenken einer Organisation (3.3.1) bezüglich der Qualität (3.1.1)".[89]

Die hier zitierte Norm ist bereits zurückgezogen, allerdings wurde in der aktuellen Norm (DIN EN ISO 9000:2005) keine Änderung dieser Begrifflichkeiten vorgenommen.[90]

---

[87] SGB V (2006), S. 161.
[88] DIN (2000), 3.2.2.
[89] DIN (2000), 3.2.3.

Diese allgemeine Definition des Begriffes Qualitätsmanagement findet in der Literatur breite Zustimmung[91], da diese wohl auch recht nahe an der englischen Übersetzung des Begriffes „Management" liegt.

Der nächste Abschnitt stellt kurz drei Qualitätsmanagementsysteme vor.

2.5.2 Bestehende Qualitätsmanagementsysteme

2.5.2.1 Qualitätsmanagementsystem des Deutschen Instituts für Normung e. V.

Das *Deutsche Institut für Normung e. V.* (DIN) entwickelte, wie viele andere Institute auch, ein Qualitätsmanagementsystem, das die gesetzlichen Anforderungen erfüllt. So entwickelten sich die Systeme des DIN von einer produktbezogenen Sichtweise[92] zu einer prozessbezogenen Sichtweise[93].

Bei den Systemen des DIN handelt es sich um internationale, branchenübergreifende Normen. Im Kern geht es dem DIN um Standardisierung der Prozesse.

Die Sprache in den Normen ist stark technisch beeinflusst, sodass Mediziner oftmals abgeschreckt werden.[94]

Das DIN schreibt in seinen Normen bestimmte Kriterien vor, die in regelmäßigen Abständen durch externe Auditoren überprüft werden. Stellen die Auditoren keine wesentlichen Abweichungen fest, wird ein Zertifikat erteilt. Durch dieses wird die gesetzliche Anforderung erfüllt.

Bei dem Qualitätsmanagementsystem des DIN ist ein Fehlen von speziellen Instrumenten für das Gesundheitswesen einer der größten Nachteile. Hierdurch werden die Besonderheiten im Gesundheitswesen nicht berücksichtigt.

---

[90] Beuth Verlag (Hrsg., 28.07.2009).
[91] Vgl. Kamiske/Brauer (2008), S. 219; Kahla-Witzsch (2003), S. 11; u. a.
[92] Vgl. Oppen (1996), S. 13–14.
[93] Vgl. Kahla-Witzsch (2003), S. 11.
[94] Vgl. Kahla-Witzsch (2003), S. 11.

2.5.2.2 Qualitätsmanagementsystem der Kooperation für Transparenz und Qualität im Gesundheitswesen

Die *Kooperation für Transparenz und Qualität im Gesundheitswesen* (KTQ) ist ein Zusammenschluss von Interessenverbänden im Gesundheitswesen. Hierbei ging es den teilnehmenden Verbänden darum, ein Zertifizierungsverfahren speziell für das Gesundheitswesen zu entwickelt. Auch in diesem Verfahren steht die Betrachtung der Prozessabläufe im Mittelpunkt.[95]

Durch eine Selbstbewertung der 6 Hauptkriterien und 20 Subkategorien sowie 70 Einzelkriterien durch die Mitarbeiter, wird der Ist-Zustand analysiert.[96]

„Im Anschluss an die Selbstbewertung kann die Einrichtung über eine KTQ-Zertifizierungsstelle eine KTQ-Fremdbewertung beantragen."[97]

Nach der erfolgreichen Fremdbewertung erfolgt die Vergabe eines Zertifikates.[98]

Die *proCum Cert GmbH* ist ebenfalls eine Zertifizierungsgesellschaft, die auf den KTQ-Kriterienkatalog aufbaut und diesen speziell für konfessionelle Krankenhäuser ergänzt. Das Verfahren läuft genauso wie das KTQ-Zertifizierungsverfahren ab.[99]

Das KTQ-Verfahren ist speziell für das Gesundheitswesen konzipiert, stellt allerdings auch nicht den Patienten in den Mittelpunkt, sondern den Prozess. Der Patient wird in diesem Verfahren lediglich als Informant betrachtet, weniger als maßgeblich Beteiligter des Genesungsprozesses.[100]

2.5.2.3 Qualitätsmanagementsystem der European Foundation for Quality Management

Die *European Foundation for Quality Management* (EFQM) ist 1988 von vierzehn führenden europäischen Unternehmen gegründet worden. Diese Organisation vergibt den europäischen Qualitätspreis (*EFQM Excellence Award*

---

[95] Vgl. KTQ (Hrsg. 28.07.2009), S. 1.
[96] Vgl. KTQ (Hrsg. 28.07.2009), S. 2; Mühlbauer (2002), S. 17–20.
[97] KTQ (Hrsg. 28.07.2009), S. 2.
[98] Vgl. KTQ (Hrsg. 28.07.2009), S. 3.
[99] Vgl. proCum Cert (Hrsg. 28.07.2009).
[100] Vgl. Mühlbauer (2002), S. 14.

EEA).[101] Dieser wird an Unternehmen vergeben, „[…] die besondere Anstrengungen auf dem Gebiet von *Total Quality Management* vorzuweisen haben."[102] Das *EFQM-Modell* ist die Grundlage des Systems; es ist in neun Hauptkategorien und 32 Unterkriterien unterteilt.[103]

Das Modell ist auf eine Punktevergabe ausgelegt, eine perfekte Leistung würde mit 1000 Punkten bewertet werden. Preisträger erreichen etwa 700 Punkte. Die Leistung eines gerade nach ISO 9001 zertifizierten Unternehmens liegt bei etwa 300 Punkten.[104] Hierdurch spiegeln sich die höheren Anforderungen des EFQM-Modells wieder.

Durch die Selbstbewertung sollen die Stärken und die Verbesserungspotentiale einer Organisation sichtbar werden. Im Anschluss an die Selbstbewertung werden Verbesserungspläne erarbeitet und umgesetzt.[105]

Jedes europäische Unternehmen kann sich für den EEA bewerben. Die Bewerbungsunterlagen werden von Assessoren bewertet und einer Jury vorgelegt. Die Jury entscheidet, in welchen Unternehmen Audits durchgeführt werden. Anschließend werden die Preisträger ermittelt. Die Vergabe der Auszeichnung erfolgt jährlich in vier Stufen.[106]

Das EFQM-Modell legt die Schwerpunkte darauf, „[…] wie gut das Unternehmen seine Schlüsselprozesse auslegt, wie weitgehend und wie gut es sie anwendet, wie gut es diese Prozesse auf ihre Wirksamkeit überprüft und verbessert [hat]."[107]

Das EFQM-Modell bietet durch die Vergabe eines Preises einen besonderen Anreiz. Des Weiteren findet es durch seine Selbstbewertung und durch die Abdeckung aller Bereiche eine hohe Akzeptanz. Aber auch dieses Modell ist nicht speziell für das Gesundheitswesen konzipiert und geht somit nicht auf die Besonderheiten ein. Die geringe Standardisierung des Modells schreckt häufig vor der Anwendung ab.

Im folgenden Abschnitt werden daher die Ziele, die ein Qualitätsmanagementsystem verfolgen sollte, vorgestellt.

---

[101] Vgl. EFQM (Hrsg. 28.07.2009), S. 2; Kamiske/Brauer (2008), S. 189.
[102] Kamiske/Brauer (2008), S. 189.
[103] Vgl. Kamiske/Brauer (2008), S. 189.
[104] Vgl. Kirchner/Kaufmann/Schmid (2007), S. 70.
[105] Vgl. Kamiske/Brauer (2008), S. 192.
[106] Vgl. Kamiske/Brauer (2008), S. 191 und 195.
[107] Kirchner/Kaufmann/Schmid (2007), S. 70; Vgl. Oess (1989), S. 99.

2.5.3 Ziele eines Qualitätsmanagementsystems

Unter Berücksichtigung der im ersten Abschnitt getroffenen Qualitätsauffassung sowie unter den Überlegungen des zweiten Abschnittes werden in diesem Abschnitt Ziele eines Qualitätsmanagementsystems aufgestellt. Diese Ziele sollen von vornherein lediglich als Anregung empfunden werden. Jedes Krankenhaus hat seine eigenen Bedingungen und muss individuell betrachtet werden.

Ein Qualitätsmanagementsystem ist nach der Definition des DIN für die Festlegung von Politik und Zielen, für die Leitung und Lenkung der Organisation bezüglich der Qualität und das Erreichen dieser Ziele zuständig.

Dieser allgemeinen Definition eines Qualitätsmanagementsystems folgend, müsste zunächst definiert werden, was überhaupt *Qualität* ist, um hieraus Ziele ableiten zu können. Wie bereits oben erläutert, wird eine *anwenderbezogene Sichtweise* vertreten, die den Fokus auf den Patienten und dessen Wahrnehmung richtet.

„Oberstes Ziel des Qualitätsmanagements muss [es] [..] sein, die Kundenanforderungen optimal zu erfüllen. Jeder Mitarbeiter des Unternehmens muss hierzu seinen Beitrag leisten."[108]

Ein Qualitätsmanagementsystem wird von Menschen gemanagt, getragen und funktionsfähig gehalten.[109] „Es geht also um Qualifikation und Motivation aller Mitarbeiter, [...]. Von der Qualifikation und Motivation aller unserer Mitarbeiter hängt letztlich ab, ob Qualitätserzeugnisse gefertigt werden oder nicht."[110] Diese Aussage von Kaoru Ishikawa ist auf die Herstellung von Produkten bezogen. Hierbei stellt er aber die Wichtigkeit der Mitarbeiter für das Qualitätsmanagement heraus. Diese Wichtigkeit ist im Krankenhaus mindestens genauso zutreffend wie für die Herstellung von Produkten. Avedis Donabedian führt an, dass die zwischenmenschliche Beziehung in der medizinischen Behandlung die *technical quality* beeinflussen kann. Hiermit stellt auch er die Wichtigkeit des Mitarbeiters für das Qualitätsmanagement heraus.

Aus diesen Überlegungen wird das primäre Ziel eines Qualitätsmanagementsystems abgeleitet. Die Motivation der Mitarbeiter in einem Kranken-

---
[108] Kirchner/Kaufmann/Schmid (2007), S. 10.
[109] Vgl. Ishikawa (1983), S. 106.
[110] Ishikawa (1983), S. 106.

haus zu einer anwenderbezogenen Sichtweise muss das Ziel sein. Hierdurch kann das Vertrauen der Patienten gewonnen werden.

Anton A. Mauerer und Walter Schebesta nennen dieses erste Ziel konkret: „Ein Krankenhaus-QM muss maßgeschneidert auf die Bedürfnisse der persönlichen Patientenbetreuung und der optimalen Erbringung medizinischer Leistungen sein."[111]

Die allgemeinen Ziele eines Qualitätsmanagementsystems sollten die Sicherung und Verbesserung der medizinischen Versorgung sein.[112] Dies wird durch die Motivierung der Mitarbeiter erreicht. Somit stellt dieses Ziel ein nachgeordnetes Ziel dar. Weitere nachgeordnete Ziele sollten sein:

- Die Behandlungsprozesse sollten auf die optimale Betreuung der Patienten ausgerichtet werden.
- Die Verwaltung sollte sich als Dienstleister für die medizinischen Bereiche verstehen.[113]
- Es sollten Maßnahmen, die ein umweltbewusstes Verhalten der Mitarbeiter anstoßen, eingeführt werden.

Es sei bei dieser Aufzählung darauf hingewiesen, dass diese nur als eine Vorschlagsliste zu verstehen ist. Diese nachgeordneten Ziele sollten von jedem Krankenhaus individuell, idealerweise in Qualitätszirkeln, erarbeitet werden.

Mit diesen Überlegungen endet das erste Kapitel. Im folgenden Kapitel wird auf die Motivation der Krankenhausmitarbeiter eingegangen. Im dritten und abschließenden Kapitel werden Überlegungen zur Implementierung eines Motivationskonzeptes zum Qualitätsmanagement unter der anwenderbezogenen Sichtweise vorgestellt.

---

[111] Maurer/Schebesta (1997), S. 10.
[112] Vgl. Maurer/Schabesta (1997), S. 10.
[113] Vgl. Wadsack/Mühlbauer/Niehaus-Malytczuk (1999).

3 Motivierung zur Qualität

Neben der gesetzlichen Pflicht zum Qualitätsmanagement im Krankenhaus wurde im ersten Kapitel die Sicherung des Fortbestandes eines Krankenhauses angesprochen. Was mit einem ganzen Wirtschaftszweig passieren kann, wenn die Berücksichtigung der Qualität nicht ernst genommen wird, zeigt der Niedergang der deutschen Phono- und Fotoindustrie.

In Umfragen zeigt sich die Bevölkerung zufrieden mit dem deutschen Gesundheitswesen.[114] Damit dies allerdings so bleibt, müssen die Mitarbeiter zur Qualität motiviert werden. Im ersten Kapitel ist es deutlich geworden, dass Qualität nur durch jeden einzelnen Mitarbeiter entstehen kann.

Da das Krankenhauswesen über keine großen finanziellen Ressourcen verfügt und somit Geld, Extraurlaub und andere extrinsische Anreizsysteme ausgeschöpft sind, müssen andere Wege gefunden werden. Des Weiteren dürfen diese anderen Wege nicht ebenso kurzfristiger Natur sein. Ein alternativer Weg wird in diesem Kapitel aufgezeigt.

3.1 Was Motivation bedeutet und warum sie zum Arbeiten benötigt wird

Wie bereits zu Beginn des ersten Kapitels erwähnt, erklärt *Motivation* menschliches Verhalten. Hierbei geht es um die Klärung der Frage nach dem „Warum" bzw. nach dem „Wozu". Verhalten ist allerdings ein Merkmal des Lebens und kann somit nicht schlechthin erklärt werden.[115] Motivation erklärt „[...] wissenschaftlich die Richtung, Intensität und Ausdauer menschlichen Verhaltens [..]."[116]

Die *Richtung* erklärt die Entscheidung für ein bestimmtes Verhalten. Hierbei wird erklärt: „Warum entscheidet sich z. B. ein Bewerber, der zwei Stellenangebote hat, für das eine Angebot und lehnt das andere ab?"[117]

---

[114] Vgl. Niechzial (2007), S. 225.
[115] Vgl. Nerdinger/Blickle/Schaper (2008), S. 426.
[116] Nerdinger/Blickle/Schaper (2008), S. 426, die bei ihren Ausführungen auf Thomae (1965) verweisen. Vgl. auch Felser (2008), S. 13.
[117] Nerdinger/Blickle/Schaper (2008), S. 426.

Die eingesetzte Energie wird durch die *Intensität* erklärt. Es geht um Fragen wie: „Warum setzt sich ein Mitarbeiter mit voller Kraft für seine Aufgabe ein, während ein anderer eher lustlos arbeitet?"[118]

Wie hartnäckig ein Mensch seine Ziele, trotz Widerstände, verfolgt, wird durch die *Ausdauer* beschrieben. Hier geht es um Fragen wie zum Beispiel: Warum kann ein Mensch schnell von seinem Weg abgebracht werden, wobei ein anderer seinen Weg gradlinig verfolgt?[119]

Als zwei weitere Determinanten führt Friedemann W. Nerdinger die *Person* und die *Situation* an. Personen haben Bedürfnisse, dies sind beispielsweise Hunger und Durst, können aber auch die gedankliche Vorwegnahme von Zielzuständen sein und damit zu Verhalten führen. Diese Bedürfnisse werden nach Themen zusammengefasst, als Beispiel führt Friedemann W. Nerdinger an: „[…] [Alle] Bedürfnisse und Ziele, die mit dem Thema ‚Leistung' verbunden sind, [werden zum Leistungsmotiv zusammengefasst]."[120]

„*Motive* sind für Individuen charakteristische Wertungsdispositionen (Heckhausen 1989), d.h. Menschen lassen sich danach unterscheiden, wie sie zeitlich überdauernd auf bestimmte Merkmale von Situationen reagieren."[121]

Diese Merkmale von Situationen werden *Anreize* genannt.

Personen haben Bedürfnisse, Motive und Ziele, wobei diese schwanken und auf die Umwelt reagieren. Situationen bieten Anreize für die Befriedigung der Bedürfnisse, Motive und Ziele einer Person.[122]

„Welches Motiv jemand hat, zeigt sich darin, was in einer Situation für ihn ein Anreiz ist."[123]

Motive und Anreize sind eng miteinander verwoben, dennoch „[…] kann [..] Verhalten auch ohne ein Zusammenwirken von äußeren und inneren Bedingungen zustande kommen. Gemeint ist hier die Unterscheidung zwischen intrinsischer und extrinsischer Motivation."[124]

Auf diese Unterscheidung wird weiter unten näher eingegangen.

---

[118] Nerdinger/Blickle/Schaper (2008), S. 426.
[119] Vgl. Nerdinger/Blickle/Schaper (2008), S. 426.
[120] Nerdinger (2004), Sp. 906.
[121] Nerdinger (2004), Sp. 906, der bei seinen Ausführungen auf Heckhausen (1989) verweist.
[122] Vgl. Felser (2008), S. 13–14.
[123] Felser (2008), S. 14.
[124] Felser (2008), S. 14.

Motivation bezeichnet also die „[...] aktivierende Ausrichtung des momentanen Lebensvollzuges auf einen positiv bewerteten Zielzustand. An dieser Ausrichtung sind unterschiedlichste Prozesse im Verhalten und Erleben beteiligt, die in ihrem Zusammenwirken und ihrer Beeinflussbarkeit wissenschaftlich näher aufgeklärt werden sollen."[125]

Um zu erklären, warum Motivation zum Arbeiten benötigt wird, ist auf ein historisches Problem hinzuweisen: Zu Beginn der Menschheit war die Arbeit notwendig für das Überleben. So war das Jagen von Tieren zur täglichen Nahrungsaufnahme erforderlich. Später entwickelte sich der Ackerbau und die Aufgaben wurden komplexer. Durch das Komplexerwerden der Arbeit wurde die Arbeitsteilung notwendig. Zur Koordination der Arbeitsteilung entstanden Organisationen. Durch die Arbeitsteilung wurde es für die Individuen immer schwieriger, den Sinn ihrer Beschäftigung zu erkennen.

Den Sinn der Arbeit definierte die protestantische Reformation neu. „Dies geschah durch eine überzeugende symbolische Verknüpfung von harter Arbeit und der Gewissheit ewigen Heils."[126] Je härter der Mensch tätig war, desto sicherer sollte ihm das ewige Heil sein. Um diesen Sinn in der Arbeit zu erkennen, musste der Arbeiter einen starken Glauben haben.

In der heutigen Zeit erschließt sich der Sinn von Arbeit immer weniger Menschen.

Edward E. Lawler III. führt den Beweis an, „[...] dass Individuen gewöhnlich die Berufe vorziehen, die ihrer Ansicht nach wünschbare Ergebnisse bieten."[127] Hierbei wurde und wird es immer schwieriger, die wünschenswerten Ergebnisse und den Sinn einer Tätigkeit zu erkennen. Aus diesen Überlegungen wird deutlich, dass Individuen von der eigentlichen Sinnerfüllung der Arbeit immer weiter abrücken. Anscheinend müssen andere Gründe für das Aufnehmen einer Tätigkeit erfüllt werden. Ohne auf die Suche gehen zu wollen, welche Gründe dies sind, soll angemerkt werden, dass die Tätigkeit in einem Krankenhaus aus sich heraus sinnvoll ist. In der medizinischen und pflegerischen Versorgung von kranken Menschen ist es nicht schwierig, den Sinn zu erkennen.

---

[125] Rheinberg (2008), S. 16.
[126] Csikszentmihalyi (1985), S. 210.
[127] Lawler (1977), S. 137.

Aus dem Erkennen des Sinns einer Tätigkeit wird der Tätige motiviert.

3.2 Extrinsische und intrinsische Motivation

Wie bereits weiter oben erwähnt kann Motivation in *extrinsische* und *intrinsische Motivation* unterschieden werden. Bei dieser Unterscheidung geht es darum, woher das menschliche Verhalten angeregt wird: ob es aus der handelnden Person selbst entsteht oder ob die Person von außen zu einer Handlung beeinflusst wird.

Extrinsische Motivation herrscht vor, „[...] wenn die Person von außen gesteuert erscheint."[128] Bei dieser Art von Motivation geht es um die Folgen. Nicht die Tätigkeit an sich motiviert, sondern die Folgen, die aus der Handlung und dem Ergebnis entstehen.[129] Extrinsische Belohnungen können zum Beispiel Bezahlung, Beförderung, Extraurlaub und so weiter sein.

„Wenn die Person aus eigenem Antrieb handelt"[130], kann diese als *intrinsisch motiviert* bezeichnet werden. Es geht dieser Person weniger um die Folgen ihrer Tätigkeit, als viel mehr um die Tätigkeit selbst.

Lutz von Rosenstiel verdeutlicht diese Unterscheidung an dem Beispiel des Kochens: Ein Individuum, das um des Essens willen kocht, ist *extrinsisch motiviert*. Ein Individuum, das bereits am einkaufen der Lebensmittel, am Gemüse putzen, am Fleisch schneiden und so weiter, Freude empfindet, ist *intrinsisch motiviert*.[131]

Aus dieser Unterscheidung folgt die Überlegung, wo ein Belohnungssystem ansetzen sollte. Ein Belohnungssystem, das bei den Folgen menschlichen Verhaltens ansetzt, kann extrinsisch belohnend wirken. Ein System, das die Rahmenbedingungen für die Handlung der tätigen Person und das Ergebnis beeinflusst, kann intrinsisch motivierend wirken. Folgende Abbildung verdeutlicht die Determinanten der Motivation.

---

[128] Rheinberg (2008), S. 149.
[129] Vgl. Heckhausen/Heckhausen (2006), S. 5.
[130] Rheinberg (2008), S. 149.
[131] Vgl. von Rosenstiel (2001), S.11.

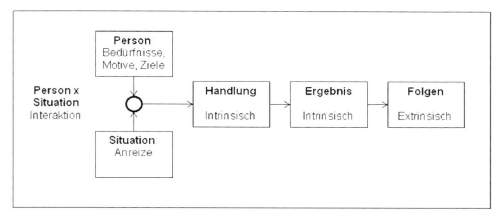

Abbildung 1: Determinanten motivierten Handelns (modifiziert nach Heckhausen, J./Heckhausen, H., 2006: S. 5)

Die Unterscheidung ist insofern wichtig, als es Unterschiede in den Leistungseffekten gibt. So sind die Wirkungen von extrinsischen Motivationskonzepten meist kurzfristiger Natur und unterliegen erheblichen Schwankungen. Verhalten, das intrinsisch motiviert ist, ist stabiler und hat einen größeren Leistungseffekt.[132]

In den folgenden Abschnitten werden das Flow-Konzept und das Job-Characteristics-Modell vorgestellt. Beide fördern die intrinsische Motivation.

3.2.1 Das Flow-Konzept

Auf Grundlage von Erlebnisschilderungen und Untersuchungen der Theorien des Spiels hat Mihaly Csikszentmihalyi das Flow-Konzept entwickelt.[133] Dies ist ein besonderes Beispiel in der Forschung, „[...] weil hier ein offenkundig ‚neuer' Anreiz auf der Grundlage von Erlebnisschilderungen herauspräpariert wurde. Gemeint ist der Zustand des (selbst)-reflexionsfreien gänzlichen Aufgehens in einer glatt laufenden Tätigkeit."[134] Diesen Zustand nennt Mihaly Csikszentmihalyi den Flow-Zustand.[135] Dieses Konzept ist nicht frei von Kritik und wurde deswegen einige Jahre lang nicht beachtet, allerdings ist es

---

[132] Vgl. Felser (2008), S. 15; Rheinberg (2008), S. 156.
[133] Vgl. Aebli (2008), S. 9.
[134] Rheinberg (2008), S. 153.
[135] Vgl. Csikszentmihalyi (2008), S. 59.

schwer, dieses Konzept zu leugnen, wenn der Zustand aus dem Selbsterleben bekannt ist.[136]

90 % der deutschen Bevölkerung gibt in einer demoskopischen Repräsentativerhebung an, diesen Zustand zu kennen.[137]

Viele Menschen führen Aktivitäten durch, die ihnen nichts einbringen. Somit bestimme die extrinsische Motivation nicht jegliches Tun, so die Botschaft von Mihaly Csikszentmihalyi. Ihm geht es aber auch nicht darum, die extrinsische Motivation zu verbannen, viel mehr stellt er fest, „hinter allen extrinsischen Motiven steht letztlich ein intrinsisches Motiv."[138] Hieraus ergibt sich auch der Ausgangspunkt der Forschung von Mihaly Csikszentmihalyi. Seine grundlegende Frage lautete, warum Menschen Aktivitäten nachgehen, „[...] die keinen offen erkennbaren Nutzen wie Geld oder Prestige [..]"[139] besitzen. Um dieser Frage auf den Grund zu gehen, interviewte Mihaly Csikszentmihalyi Amateursportler. Die Kletterer, Tänzer und Schachspieler hatten keinen Gewinn durch ihre Tätigkeit, im Gegenteil nur Kosten. Um herauszufinden, ob das Flow-Erlebnis auch für die Arbeitswelt nachweisbar ist, interviewte Mihaly Csikszentmihalyi Chirurgen. Die Ergebnisse dieser Interviews verglich er mit den Interviews der Amateursportler.[140] Hierdurch konnte Mihaly Csikszentmihalyi beweisen, dass „[...] auch Arbeitstätigkeiten Flow-Elemente aufweisen und zu intrinsisch belohnenden Erlebnissen führen können."[141]

Die Interviewten berichteten immer wieder von dem gleichen Zustand. Sie seien dieser Tätigkeit nachgegangen, weil die Anreize in der Aktivität und nicht in der nachfolgenden Belohnung gelegen hätten. Diese Ergebnisse wurden bei den Amateursportlern, aber genauso bei den Chirurgen gefunden. In der Beantwortung der Fragen verwendeten „[...] viele Chirurgen Analogien aus dem Bereich aktiver physischer Tätigkeiten: Skifahren, Wasserskifahren, Hochgebirgsklettern, einen schnellen Wagen fahren, Badminton spielen, Segelwettbewerb und Tennis."[142]

---

[136] Vgl. Weinert (1991), S. 8.
[137] Vgl. Rheinberg (2008), 154.
[138] Aebli (2008), S. 7.
[139] Rheinberg (2008), S. 154.
[140] Vgl. Rheinberg (2008), S. 154–155; Aebli (2008), S. 7–9.
[141] Csikszentmihalyi (2008), S. 159.
[142] Csikszentmihalyi (2008), S. 167.

Aus den Ergebnissen von Mihaly Csikszentmihalyi fasste Falko Rheinberg[143] die folgenden Komponenten des Flow-Erlebens zusammen:

1. Die Anforderungen passen mit den Fähigkeiten der tätigen Person überein. „[..] [Diese] fühlt sich optimal beansprucht und hat trotz hoher Anforderung das sichere Gefühl, das Geschehen noch unter Kontrolle zu haben."
2. „Handlungsanforderungen und Rückmeldungen werden als klar und interpretationsfrei erlebt, so dass man jederzeit und ohne nachzudenken weiß, was jetzt als richtig zu tun ist."
3. „Der Handlungsablauf wird als glatt erlebt. Ein Schritt geht flüssig in den nächsten über, als liefe das Geschehen gleitend wie aus einer inneren Logik."
4. „Man muss sich nicht willentlich konzentrieren, vielmehr kommt die Konzentration wie von selbst, ganz so wie die Atmung. Es kommt zur Ausblendung aller Kognitionen, die nicht unmittelbar auf die jetzige Ausführungsregulation gerichtet sind."
5. „Das Zeiterleben ist stark beeinträchtigt; man vergisst die Zeit und weiß nicht, wie lange man schon dabei ist. Stunden vergehen wie Minuten."
6. „Man erlebt sich selbst nicht mehr abgehoben von der Tätigkeit, man geht vielmehr gänzlich in der eigenen Aktivität auf (sog. ‚Verschmelzen' von Selbst und Tätigkeit). Es kommt zum Verlust von (Selbst-) Reflexivität und Selbstbewusstheit."

Befragten sind diese Komponenten ausnahmslos von angenehmen Aktivitäten bekannt.[144] Der Flow-Zustand wird als ein freudvoller Zustand beschrieben. Hierzu ein Beispiel eines Chirurgen: „Ich habe Freude an den direkten Ergebnissen meiner Arbeit. Es macht Freude, den Verlauf einer Krankheit zu

---

[143] Rheinberg (2008), S. 154.
[144] Vgl. Rheinberg (2008), S. 153–154, der bei seinen Ausführungen auf Csikszentmihalyi (1975) und Rheinberg (1996) verweist. Mit Csikszentmihalyi (1975) ist die erste Auflage gemeint, die im Literaturverzeichnis in der zehnten Auflage angegeben ist.

ändern, durch direktes Handeln eine Heilung zu erwirken. Man muss nicht auf die Wirkung irgendeiner Medizin warten."[145]

Tätigkeiten, die uns Freude bereiten, werden von uns sorgsam ausgeführt. Eine sorgsame Ausführung führt zu guter Leistung.

Der Zustand im Flow-Erleben kann leistungsfördernd sein, dies wurde in detaillierten Analysen nachgewiesen.[146]

Mihaly Csikszentmihalyi untersuchte auch die Effekte, die entstehen, wenn bewusst Flow-Erlebnisse verboten werden. Hierzu wurden wieder Versuchsteilnehmer befragt. Die Teilnehmer hatten sich in eine 48-stündigen Entzugsphase begeben, in der sie nach Möglichkeit keine Flow-Erlebnisse haben sollten. Die Berichte der Teilnehmer glichen den Berichten von Patienten mit akuter Schizophrenie. Zwar veränderten sich die physischen Symptome nicht wesentlich, aber das stimmungsmäßige Befinden sank deutlich ab. Als Schlimmstes gaben die Teilnehmer den „verminderten Kontakt mit anderen Leuten" an.[147]

Diese Untersuchung lässt Mihaly Csikszentmihalyi zu dem Ergebnis kommen, „[...] dass der gelegentliche soziale Umgang mit anderen eine der häufigsten Formen alltäglichen flows darstellt, auf welche man daher auch nur schwer verzichten kann."[148]

Es zeigt sich anhand dieser Entzugsuntersuchung, dass ein Flow-Erleben existent ist. Des Weiteren zeigt sich, dass die alltäglichen zwischenmenschlichen Beziehungen sehr wichtig sind.

Abschließend kommt Mihaly Csikszentmihalyi zu „[...] zwei wichtigen Neuerungen für das Verständnis des menschlichen Verhaltens [...]."[149]

Die erste Neuerung zeigt, dass es keinen Unterschied zwischen Spiel und Arbeit geben muss. Bei beiden Aktivitäten kann ein Flow-Erlebnis stattfinden.[150] Die Chirurgen, aber auch Supermarkt-Angestellte berichteten vom Flow-Erlebnis während der Arbeit.[151]

---

[145] Csikszentmihalyi (2008), S. 161.
[146] Vgl. Heckhausen/Heckhausen (2006), S. 351.
[147] Vgl. Csikszentmihalyi (2008), S. 190–194.
[148] Csikszentmihalyi (2008), S. 194.
[149] Csikszentmihalyi (2008), S. 209.
[150] Vgl. Csikszentmihalyi (2008), S. 209–215.
[151] Vgl. Csikszentmihalyi (2008), S. 176, der bei seinen Ausführungen für die Supermarkt-Angestellten auf Terkel (1974) verweist.

Die zweite Neuerung betrifft die Erkenntnis, dass subjektive Aussagen von Personen und dieses Wissen ausreichen, um auf viele Fragen vorläufige Antworten zu finden.[152]

In jeder Situation ist der Mensch in der Lage, eine Aktivität in eine Flow-Aktivität zu verwandeln. Es ist einfacher, an einer Aktivität Freude zu haben, wenn sie bereits so strukturiert ist, dass die Flow-Bedingungen erfüllt werden. Diese Freude kann jeder Mensch erleben, allerdings ist einschränkend zu sagen, dass der eine sie schneller und stärker erlebt als der andere.[153]

Abschließend fordert Mihaly Csikszentmihalyi „[...] die grundsätzliche Trennung zwischen dem, ‚was getan werden muss' und dem, ‚was man gerne tut' abzubauen."[154]

3.2.2 Das Job-Characteristics-Modell

Das Job-Characteristics-Modell von John Richard Hackman und Greg R. Oldham zeigt, welche Merkmale der Tätigkeit auf welche psychologischen Erlebniszustände wirken und welche Auswirkungen dabei auf die Arbeit entstehen (Abbildung 2).

Aufgabenmerkmale	Psychologische Erlebniszustände	Auswirkungen der Arbeit
Anforderungsvielfalt	Erlebte Bedeutsamkeit der eigenen Arbeitstätigkeit	Hohe intrinsische Motivation
Ganzheitlichkeit		
Bedeutsamkeit		Hohe Qualität der Arbeitsleistung
Autonomie	Erlebte Verantwortung für die Ergebnisse	Hohe Arbeitszufriedenheit
Rückmeldung	Wissen über die aktuellen Resultate	Niedrige Abwesenheit und Fluktuation
•Wissen und Fähigkeiten •Bedürfnis nach persönlicher Entfaltung •Zufriedenheit mit den Kontextbedingungen		

Abbildung 2: Das Job-Characteristics-Modell (modifiziert nach Hackman, J. R./Oldham, G. R., 1980: S. 90)

---

[152] Vgl. Csikszentmihalyi (2008), S. 216.
[153] Vgl. Csikszentmihalyi (2008), S. 219.
[154] Csikszentmihalyi (2008), S. 229.

John Richard Hackman und Greg R. Oldham[155] gehen von folgenden Aufgabenmerkmalen aus:

1. Anforderungsvielfalt: Aufgaben sollten mehrere Fähigkeiten des Mitarbeiters ansprechen. Nach Möglichkeit sollte die Aufgabe „[…] viele motorische, intellektuelle und soziale Fähigkeiten […]"[156] ansprechen. Dies vermeidet eine einseitige Beanspruchung der Fähigkeiten.
2. Ganzheitlichkeit: Dieses Merkmal drückt aus, wie sehr der Mitarbeiter am gesamten Entstehungsprozess beteiligt ist. Mitarbeiter sollten nach Möglichkeit eine Aufgabe vom Anfang bis zum Ende durchführen. Nur so wird das Ergebnis sichtbar. Wie bereits oben erwähnt, wird es dem Mitarbeiter durch die Arbeitsteilung erschwert, den Sinn seiner Tätigkeit zu erkennen.
3. Bedeutsamkeit: Hierbei geht es um die Auswirkungen der Tätigkeit auf die Arbeit der anderen. Es geht darum, dass der Mitarbeiter erkennt, dass die nachfolgenden Mitarbeiter mit seinem Arbeitsergebnis weiterarbeiten müssen. Der Mitarbeiter, der seine Tätigkeit in diesem Zusammenhang mit den Unternehmenszielen sieht, wird die Bedeutung seiner Arbeit erkennen.
4. Autonomie: Bei diesem Merkmal geht es um die Eigenverantwortlichkeit des Mitarbeiters. Wenn der Mitarbeiter selbstständig die Arbeitsmittel auswählen und Teilziele stecken kann, erlebt er seine Tätigkeit als nicht bedeutungslos. Dieses Erlebnis führt zu einem stärkeren Selbstwertgefühl und zur Bereitschaft, Verantwortung zu übernehmen.
5. Rückmeldung: Dieses Merkmal ist auf die Rückmeldung aus der Aufgabe heraus zu verstehen. Es geht nicht um die Rückmeldung des Vorgesetzten oder der Arbeitskollegen. Bei der Rückmeldung aus der Aufgabe heraus, kann der Mitarbeiter selbstständig Fehlentwicklungen korrigieren.

---

[155] Vgl. Hackman/Oldham (1980), S. 78–80; Nerdinger/Blickle/Schaper (2008), S. 431–432.
[156] Nerdinger/Blickle/Schaper (2008), S. 431.

Die oben genannten Aufgabenmerkmale lösen psychologische Erlebniszustände aus. Die Merkmale eins bis drei lösen den ersten psychologischen Erlebniszustand aus, vier und fünf sind eigenständig. Eine Reihenfolge von Aufgabenmerkmalen gibt es nicht.

Die Aufgabenmerkmale erfüllen folgende drei psychologische Grundbedingungen:

- „[…] die Tätigkeit muss als bedeutsam erlebt werden;
- die Arbeitenden müssen sich für die Ergebnisse ihrer Tätigkeit verantwortlich fühlen und
- sie müssen die aktuellen Resultate ihrer Tätigkeit, besonders die Qualität der Ergebnisse, kennen."[157]

Das Resultat dieser psychologischen Erlebniszustände ist vor allem eine höhere Arbeitszufriedenheit und eine intrinsische Arbeitsmotivation. Durch diese Erlebniszustände wird auch die Qualität der Arbeitsleistung verbessert.[158]

Die Aufgabenmerkmale und die Auswirkungen auf die Arbeit sind von drei weiteren Merkmalen abhängig. Durch diese werden die individuellen Dispositionen von Individuen berücksichtigt. Das Wissen und die Fähigkeiten des Mitarbeiters beeinflussen seine Einstellung zur Aufgabe. Nur bei Mitarbeitern mit hohem Sachwissen führt das Modell zu intrinsischer Motivation. Bei Mitarbeitern mit niedrigem Sachwissen führt das Modell zu Frustration, da die Aufgabe als zu schwierig empfunden wird. Die Zufriedenheit mit den Kontextbedingungen beschreibt die individuelle Disposition, ob die Arbeit gemocht wird oder eher nicht.[159]

Das Bedürfnis nach persönlicher Entfaltung bedeutet, dass es bei Personen mit einem starken Bedürfnis nach Entfaltung einen engen Zusammenhang zu diesem Modell gibt. Bei Personen, die kein so starkes Bedürfnis nach Entfaltung haben, trifft das Modell eher nicht zu. Wobei direkte Tests des Modells gezeigt haben, dass eine gezielte Gestaltung der Arbeitsbedingungen nach

---

[157] Nerdinger/Blickle/Schaper (2008), S. 431.
[158] Vgl. Hackman/Oldham (1980), S. 90.
[159] Vgl. Wilkesmann (16.–17.05.2003), S. 9.

dem Modell der Job-Characteristics zu größerer Arbeitszufriedenheit führen.[160]

Im folgenden Abschnitt werden die Komponenten des Flow-Konzeptes mit den Aufgabenmerkmalen des Job-Characteristics-Modell verglichen.

3.3 Merkmale und Komponenten zur Förderung der intrinsischen Motivation

Beide oben vorgestellten Modelle wirken auf die intrinsische Motivation von Mitarbeitern. Ebenfalls lenken beide Modelle den Blick auf das subjektive Motivationserleben der Mitarbeiter. Die leistungsfördernde Wirkung wurde in beiden Modellen nachgewiesen.

Nach Mihaly Csikszentmihalyi kann Arbeit so umstrukturiert werden, dass sie anregend und erfreulich wirkt. Dies kann durch die Führungskräfte geschehen, aber auch durch den Mitarbeiter selbst.[161]

Für den Mitarbeiter ist es leichter, Freude an einer Aktivität zu haben, wenn diese bereits so strukturiert ist, dass die Flow-Bedingungen erfüllt sind.[162]

Mihaly Csikszentmihalyi zeigt durch die Auswertung der Interviews, in welche Komponenten ein Flow-Erlebnis aufgeteilt werden kann. Er bietet aber keine Empfehlungen für die Führungskräfte oder die Mitarbeiter an, wie diese Komponenten erzeugt werden können.

Das Job-Characteristics-Modell von John Richard Hackman und Greg R. Oldham, geht dahingehend weiter, dass es Aufgabenmerkmale anbietet. Diese führen zu einer deutlichen Steigerung der Arbeitszufriedenheit.[163] Allerdings werden auch bei diesem Model keine Empfehlungen vorgestellt, wie die Aufgabenmerkmale operational umgesetzt werden können.

Da beide Modelle ähnliche Auswirkungen auf die Arbeit haben, soll geprüft werden, ob die Aufgabenmerkmale zumindest theoretisch die Erlebniszustände des Flow-Erlebens hervorrufen können. Die Verknüpfung der beiden Modelle soll vorgenommen werden, weil das Flow-Konzept von den Erlebniszuständen ausführlicher ist. Im Job-Characteristics-Modell werden die Er-

---

[160] Vgl. Nerdinger/Blickle/Schaper (2008), S. 432.
[161] Vgl. Csikszentmihalyi (2008), S. 176.
[162] Vgl. Csikszentmihalyi (2008), S. 219–220.
[163] Vgl. Nerdinger/Blickle/Schaper (2008), S. 432.

lebniszustände nicht so detailliert dargestellt. Aus diesen Erlebniszuständen sollten konkrete Empfehlungen für die Führungskräfte abgeleitet werden können. Die Aufgabenmerkmale sind operationaler als die Komponenten des Flow-Erlebens. Aus diesem Grund sollen die Aufgabenmerkmale, sofern sie theoretisch die Flow-Erlebniszustände herbeiführen können, zur Empfehlungserarbeitung genutzt werden.

Bei dieser Verknüpfung der beiden Modelle werden gemeinsame Ansatzpunkte herausgearbeitet, die im letzten Kapitel in einem Implementierungskonzept eingearbeitet werden.

Eine Komponente des Flow-Erlebens fordert die Passung zwischen Fähigkeiten und Anforderungen. Die Aufgabenmerkmale des Job-Characteristics-Modell passen zu dieser Komponente nur eingeschränkt. Allerdings findet sich eine Deckung in den individuellen Voraussetzungen. So müssen die Kenntnisse und Fähigkeiten des Mitarbeiters zu der Aufgabe passen. Das Aufgabenmerkmal „Anforderungsvielfalt" passt ergänzend zu der Flow-Komponente. Hieraus könnte sich eine Erweiterung in der Erklärung der Flow-Komponente ergeben.

Das Flow-Konzept fordert eine klare und interpretationsfreie Handlungsanforderung und Rückmeldung, sodass der Mitarbeiter weiß, was zu tun ist. Hierzu passt das Aufgabenmerkmal „Rückmeldung". Bei diesem Merkmal geht es um die Rückmeldung aus der Tätigkeit heraus. Der Mitarbeiter soll hierdurch wissen, wo er auf dem Weg zum Ziel liegt.

Mihaly Csikszentmihalyi fordert als Nächstes, dass der Handlungsablauf flüssig sein muss. Es geht darum, dass ein Schritt in den nächsten übergeht. Zu dieser Komponente passt das Aufgabenmerkmal „Bedeutsamkeit". Hierbei geht es darum, dass der Mitarbeiter erkennt, dass die Kollegen mit seinen Arbeitsergebnissen weiterarbeiten. Wird ein Verständnis dafür entwickelt, wird versucht werden, dass die Kollegen ohne Beanstandung weiterarbeiten können. Hieraus entsteht ein glatter Ablauf, der als Flow erlebt werden kann. Zum Verständnis des glatten Ablaufs ist das Aufgabenmerkmal „Ganzheitlichkeit" ebenso wichtig.

Das völlige Aufgehen in der Tätigkeit kann mit dem Aufgabenmerkmal „Autonomie" in Verbindung gesetzt werden. Allerdings ist diese Verbindung eher eine Bedingung. Der Mitarbeiter hat nur eine sehr eingeschränkte Möglichkeit, in seiner Tätigkeit völlig aufzugehen, wenn er nicht eigenverantwortlich entscheiden kann. Somit ist das Aufgabenmerkmal eher eine Bedingung, die erfüllt sein muss, damit der Mitarbeiter in seiner Tätigkeit aufgehen kann.

Eine nicht bewusst herbeigeführte Konzentration und das Vergessen der Zeit sind weitere Komponenten des Flow-Erlebens. Allerdings ist bei diesen beiden Komponenten eine Zuordnung zu den Aufgabenmerkmalen oder auch zu den individuellen Dispositionen nicht ohne Weiteres möglich.

Die Erfüllung der Flow-Komponenten führt zum Flow-Erlebnis. Das Flow-Erlebnis ist leistungsfördernd. Dadurch, dass die Aufgabenmerkmale stellenweise deckungsgleich, ergänzend oder bedingend sind, sollte eine Kombination der beiden Modelle angestrebt werden. Das kombinierte Model würde die psychologischen Erlebniszustände des Flow-Erlebens durch die Aufgabenmerkmale des Job-Characteristics-Modell fördern. Umgekehrt können die Aufgabenmerkmale durch die Flow-Komponenten angereichert werden. In dem kombinierten Modell werden die psychologischen Erlebniszustände des Job-Characteristics-Modells durch die Komponenten des Flow-Erlebniszustandes ergänzt. Dies ist ohne Weiteres möglich, da aus den Interviews des Flow-Konzeptes ähnliche Erlebniszustände berichtet werden, wie sie in dem Job-Characteristics-Modell aufgeführt werden.[164] Aus den angereicherten Aufgabenmerkmalen werden Empfehlungen für die Führungskräfte erarbeitet.

Diese Empfehlungen könnten beispielhaft wie folgt aussehen:

Die Anforderungsvielfalt sollte die Passung zwischen den Fähigkeiten und den Anforderungen ergänzen. Dies bedeutet als Empfehlung für die Führungskraft, aber auch für den Mitarbeiter: In der Gestaltung der Tätigkeit sollte darauf geachtet werden, dass nicht nur eine Fähigkeit beansprucht wird, sondern mehrere. Des Weiteren sollten die Anforderungen die Fähigkeiten der tätigen Person nicht übersteigen.

Die Ganzheitlichkeit und die Bedeutsamkeit der Aufgabe führen dazu, dass der Handlungsablauf als glatt erlebt wird. Dies wiederum bedeutet als Emp-

---

[164] Vgl. die Interviews von Csikszentmihalyi (2008), unter anderem auf den Seiten 151, 161, 166, 168 und 174.

fehlung: Die Aufgabenteilung darf nicht zu detailliert geschehen. Ein Mitarbeiter sollte den Sinn seiner Tätigkeit erkennen können. Eine Tätigkeit, die nur einen Bruchteil im ganzen Entstehungsprozess des Produktes oder der Dienstleistung wiedergibt, ist dafür wenig geeignet. Des Weiteren muss der Mitarbeiter die von ihm ausgeführte Tätigkeit im gesamten Entstehungsprozess wiederfinden können. Hierzu muss er auch verstehen, dass die Kollegen mit seinem Arbeitsergebnis weiterarbeiten müssen. Eine schlechte Leistung seinerseits führt zur Verzögerung im gesamten Entstehungsprozess – sei es, dass er die Tätigkeit neu ausführen muss oder dass der nachfolgende Kollege die fehlerhafte Tätigkeit korrigieren muss. Die einzelnen Tätigkeiten sollten von jedem Mitarbeiter zusammengesetzt werden können, sodass das Unternehmensziel erkennbar wird. Der Mitarbeiter kann seine Rolle im Entstehungsprozess wiederfinden und erkennt den Sinn seiner Tätigkeit. Durch das Erkennen, welche Tätigkeiten vorher und nachher durchgeführt werden, entsteht ein Gefühl des glatten Durchlaufs.

Die Autonomie wurde als Bedingung für das Verschmelzen von Selbst und Tätigkeit aufgeführt. Hierbei geht es darum, dass der Mitarbeiter eigenverantwortlich Arbeitsmittel einsetzen und Teilziele formulieren kann. Der Mitarbeiter nimmt seine Rolle nicht mehr als einfluss- und bedeutungslos wahr. Es entsteht ein positives Selbstwertgefühl, das den Mitarbeiter zur Übernahme von Verantwortung animiert. Nur wenn diese Voraussetzung erfüllt ist, kann der Mitarbeiter gänzlich in der Tätigkeit aufgehen. Hieraus ist die Empfehlung zu geben, dass die Mitarbeiter an der Zielentwicklung beteiligt werden sollten. Des Weiteren müsste den Mitarbeitern eine eigenverantwortliche Arbeitsmittelauswahl ermöglicht werden.

Die Handlungsanforderung und die Rückmeldung sollten interpretationsfrei sein. Hierbei geht es zum einen darum, dass die Tätigkeit selbst eine Rückmeldung bietet und zum anderen, dass dadurch Fehler vom Mitarbeiter eigenständig korrigiert werden können. Der Mitarbeiter weiß ohne nachzudenken, was im nächsten Schritt passiert. Hier müssen die Empfehlungen eingeschränkt werden, weil es je nach Aufgabe höchst spezifische Empfehlungen geben kann. Sollte aber die Möglichkeit bestehen, in der Aufgabe eine automatische Rückmeldung an den Mitarbeiter einzubauen, ist dies zu empfehlen. Kennt der Mitarbeiter den nächsten Schritt im Prozess, wird hierdurch ein als glatt empfundener Handlungsablauf gewährleistet.

Der Flow-Erlebniszustand der nicht bewusst herbeigeführten Konzentration wird durch kein Aufgabenmerkmal des Job-Characteristics-Modells herbeigeführt. Allerdings kann hierfür empfohlen werden, Störeinflüsse für den tätigen Mitarbeiter zu vermindern. Ist der Mitarbeiter erst einmal in der Konzentrationsphase, sollte er dieser nicht durch eine Störung entrissen werden. Es sollte die Möglichkeit bestehen, bei vordefinierten Aufgaben eine Konzentrationsphase in Anspruch nehmen zu können.

Auch das Vergessen der Zeit wird durch kein Aufgabenmerkmal des Job-Characteristics-Modells herbeigeführt. Hier sollte die Empfehlung ähnlich wie bei der nicht willentlich herbeigeführten Konzentration lauten: Eine störungsfreie Umgebung, in der nach Möglichkeit keine Zeitrestriktionen vorkommen, ist angebracht.

Bereits zu diesem Zeitpunkt lässt sich festhalten, dass viele Empfehlungen auf eine Ausweitung der Verantwortung des Mitarbeiters auf Basis einer Vertrauensebene abzielen.

Im dritten Kapitel werden die theoretischen Überlegungen aus den beiden vorangegangen Kapiteln zusammengeführt.

4 Implementierung

In diesem zusammenführenden Kapitel geht es darum, wie die Überlegungen aus dem ersten und zweiten Kapitel in einem Krankenhaus implementiert werden könnten.

Im ersten Kapitel wurde deutlich gemacht, dass Qualität nur durch jeden einzelnen Mitarbeiter entstehen kann. Durch welche Sichtweise dieses neue Qualitätsbewusstsein vertreten werden könnte, wurde ebenfalls erläutert. Vor allem aber kam hier die Wichtigkeit der zwischenmenschlichen Beziehung zum Ausdruck. So wurde unterstellt, dass ein Umdenken bei den Mitarbeitern angeregt werden muss. Dies ist ein höchst individueller Prozess, der in den Köpfen der Mitarbeiter stattfinden muss. Dieses Umdenken kann nur durch Kommunikation erreicht werden. Das bedeutet wiederum, der hier verwendete Ansatz muss den Mitarbeiter nicht nur in die Überlegungen einbeziehen, sondern ihn partizipativ in den Wandlungsprozess integrieren.

Im zweiten Kapitel wurden zwei intrinsische Motivationskonzepte vorgestellt. Hier wurden Menschen zu Erlebniszuständen befragt. Gemeinsame Erlebniszustände in den Konzepten waren der Ausgangspunkt für die Kombination. Aus dieser Kombination konnten theoretische Aufgabenmerkmale erarbeitet werden. Diese führten wiederum zu Empfehlungen, die die Aufgabenmerkmale theoretisch bedingen könnten. Hier sei noch mal darauf hingewiesen, dass keine immer zutreffende Verallgemeinerung getroffen werden kann. Nicht jeder Mensch ist gleich und empfindet gleich – auch nicht, wenn die gleichen Aufgabenmerkmale vorliegen. Aus diesen Untersuchungen kann aber geschlossen werden, dass wenn bestimmte Merkmale erfüllt sind, eine intrinsische Motivation angeregt werden kann. Ein standardisierter Empfehlungskatalog kann daher nicht erarbeitet werden. Die hier genannten Empfehlungen stellen lediglich Anregungen dar.

Ähnlich wird es mit dem Implementierungskonzept sein. Das hier vorgestellte Konzept ist lediglich ein theoretisches Konzept, das durch eine intensive Literaturrecherche entstanden ist. Dieses Konzept ist zwar durch mehrere wissenschaftliche Arbeiten und durch einzelne praktische Umsetzungen abgesichert, dennoch muss die detailgetreue Umsetzung nicht unbedingt zu einem Erfolg führen. Es ist nicht möglich, dass ein theoretisch erarbeitetes Konzept für jedes Unternehmen den gleichen Erfolg bringen kann. Hierzu sind die Situationen, in denen sich die Unternehmen befinden, zu unterschiedlich.

Das hier vorgestellte Konzept muss gemäß dem methodischen Konstruktivismus verstanden werden. Hiernach bewältigt der Mensch sein Leben zunächst ohne eine Theorie. Das Leben stellt sich als eine Abfolge von Erfolg und Misserfolg dar. Dies wird als *primäre Praxis* bezeichnet. Erst der Wunsch nach Erfolg veranlasst uns Menschen, über unser Handeln nachzudenken. Dieses Nachdenken ist darauf gerichtet, dass wir die Situation und die Bedingungen des Erfolges zu erklären versuchen. Durch das Nachdenken distanzieren wir uns von der Handlung. Dies wird als *theoretische Praxis* bezeichnet. In der *theoriengeleiteten Praxis* geht es darum, das in der theoretischen Praxis erworbene Wissen in die Praxis umzusetzen. Sofern das theoriengeleitete Handeln problemlos vonstatten geht, wird es routinemäßig in die Praxis übernommen. Das heißt, diese Handlung wird nicht mehr hinterfragt und geht wieder in die primäre Praxis über.[165]

Siehe hierzu die folgende Abbildung.

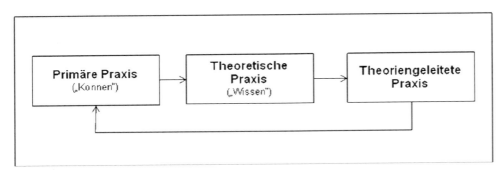

Abbildung 3: Das Theorie-Praxis-Verhältnis nach konstruktiver Auffassung (Lueken) (modifiziert nach Steinmann, H./Scherer, A. G., 1994: S. 269; nach Lueken (1992))

Einer ähnlichen Routine folgend funktioniert menschliches Lernen. Hierbei kommt es auch auf die Wiederholung an. Erst wenn etwas häufig genug wiederholt wird, bleibt es nachhaltig im Kopf.[166]

Ausgehend von dem methodischen Konstruktivismus, der Individualität der zwischenmenschlichen Beziehung und den individuellen Situationen der Un-

---

[165] Vgl. Scherer (2006), S. 45–48; Steinmann/Scherer (1994), S. 269–271.
[166] Vgl. Spitzer (2006), S. 27.

ternehmen, sollte ein Ansatz gefunden werden, der diese Überlegungen berücksichtigt.

Die Überlegungen von John Collier und Kurt Lewin wurden diesem Anspruch gerecht. Diese beiden gelten als Begründer der *Aktionsforschung*.[167]

Zunächst wird dieser Forschungsansatz vorgestellt. Hieraus wird ein Implementierungsvorschlag erarbeitet. Da es in Veränderungsprozessen immer wieder zu Widerständen kommen kann, werden Widerstände in einem einzelnen Abschnitt Berücksichtigung finden.

4.1 Aktionsforschung

Die *Aktionsforschung* wird als Paradigma der traditionellen empirischen Sozialwissenschaften aufgefasst.[168]

Der herkömmlichen Empirie geht es „[…] allein um das Testen von Hypothesen und um die Erweiterung des Wissens, […]."[169]

In der Aktionsforschung wird „Wissenschaft […] nicht als Selbstzweck oder lediglich [als] reiner Erkenntnisgewinn gesehen, sondern als Entscheidungshilfe für Menschen bei der Bewältigung von Problemen praktischen Handelns."[170]

Der Forscher soll hierbei praktisch verändernd eingreifen.[171] Die traditionellen Rollen zwischen Forscher und Erforschten werden, von der Subjekt-Objekt-Relation zugunsten der Subjekt-Subjekt-Relation, aufgegeben. Der Forscher ist in der traditionellen Rolle *Subjekt* und der Erforschte ist *Objekt*.[172] Der Forscher soll sich mit den Forschungssubjekten, den zu Beratenden, auseinandersetzen.[173]

Ein weiteres Charakteristikum der Aktionsforschung ist die Erkenntnis, dass die Daten als Grundlage wieder in den Prozess eingehen und so weitere Än-

---

[167] Vgl. Kirsch/Gabele (1976), Sp. 10.
[168] Vgl. Moser (1977), S. 11.
[169] Moser (1977), S. 16.
[170] Nieder (1979), S. 22.
[171] Vgl. Klüver/Krüger (1972), S. 76.
[172] Vgl. Bülow/Ottersbach (1977), S. 15.
[173] Vgl. Nieder (1979), S. 7.

derungen initiieren. Die Daten haben „an sich" keinen Wert mehr, sondern nur die daraus gewonnen Informationen.[174]

Diese allgemeinen Postulate dienen der Charakterisierung der Aktionsforschung.[175]

Heinz Moser grenzte die Aktionsforschung vom Paradigma sozialwissenschaftlichen Handelns ab. Hieraus ergaben sich folgende vier Dimensionen der Aktionsforschung[176]:

- Traditionell ist die Sozialwissenschaft ein *monologisches Modell*. Der Forscher sieht den zu Beratenden als Objekt. Die Aktionsforschung geht von einem *dialogischen Modell* aus, das den Erkenntnisgewinn durch einen *Diskurs* anstrebt. Der Diskurs wird hierbei als „[…] argumentierende Bemühung [..] [zur] Absicherung und Begründung von Handlungsorientierung"[177] gesehen.
- Die Vorgehensweise der Aktionsforschung sieht ein zyklisches Modell vor. Hierbei geht es darum, dass Informationen gesammelt, daraus Handlungsorientierungen erarbeitet und im sozialen Feld überführt werden. Nach der Überführung werden erneut Informationen gesammelt, überprüft und verändert.[178]
- Die dritte Dimension der Aktionsforschung befasst sich mit der *Wahrheit*. Die traditionelle Sozialwissenschaft geht davon aus, dass gewonnene Daten wahr sind, sofern sie durch methodologische Prinzipien und Verfahrensweisen gewonnen werden. Die Aktionsforschung geht davon aus, dass Wahrheit das Resultat der kritischen Argumentation im Diskurs ist.[179] Dies bedeutet auch, dass die Wahrheit in den folgenden Diskursen modifiziert werden kann.[180]
- Die Aktionsforschung orientiert sich am *Handlungsbegriff*.[181] Die Handlungsforschung setzt sich mit den Betroffenen auseinander, dies

---

[174] Vgl. Klüver/Krüger (1972), S. 76.
[175] Vgl. Bülow/Ottersbach (1977), S. 15.
[176] Vgl. Moser (1977), S. 11–14.
[177] Moser (1977), S. 11.
[178] Vgl. Moser (1977), S. 12.
[179] Vgl. Moser (1977), S. 12.
[180] Vgl. Moser (1977), S. 13.
[181] Vgl. Moser (1977), S. 13.

wiederum bedeutet, dass Motive, Pläne und Wünsche der Betroffenen mit in den Prozess einbezogen werden müssen.[182]

Mit dem Vorgenannten dürfte die Aktionsforschung in ihrer Ausrichtung deutlich skizziert sein. Natürlich könnte noch ausführlicher auf die Aktionsforschung und beispielsweise auf die Abgrenzung zur traditionellen Sozialwissenschaft eingegangen werden. Dies ist aber nicht nötig, weil zur Implementierung eher nur die Methodik der Aktionsforschung von Bedeutung ist und weniger das grundlegende Verständnis dieses sozialwissenschaftlichen Forschungsansatzes.

Allerdings muss noch auf den Forschungsaspekt eingegangen werden. So könnte bisher die Annahme entstehen, dass der in diesem Ansatz enthaltene Forschungsansatz keine Gütekriterien kennt. Die Informationen, die im Diskurs ausgetauscht werden, müssen drei Kriterien erfüllen[183]:

- „*Transparenz*: Nachvollziehbarkeit des Forschungsprozesses für alle Beteiligten durch Offenlegung von Funktionen, Zielen und Methoden der Forschungsarbeit;
- *Stimmigkeit*: Vereinbarkeit von Zielen und Methoden der Forschungsarbeit;
- *Einfluss des Forschers:* Der Forscher darf bei der Datensammlung nicht bewusst verzerrend auf den Forschungsprozess Einfluss nehmen."[184]

Durch das Erfüllen dieser Gütekriterien kann die Wissenschaft sichergestellt werden. Ob diese Gütekriterien erfüllt werden, wird im Diskurs geklärt.[185]
Zusammenfassend ist festzuhalten, dass die Aktionsforschung ein Ansatz ist, der auf die praktischen Probleme der Betroffenen eingeht. Hierbei wird die klassische Rollenverteilung aufgebrochen, indem der Forscher verändernd eingreift. Der ganze Ansatz ist auf einem dialogischen Modell, das in einem zyklischen Prozess stattfindet, konzipiert. Wahrheit entsteht nur durch den

---

[182] Vgl. Moser (1977), S. 14.
[183] Vgl. Moser (1977), S. 18; Nieder (1979), S. 10.
[184] Moser (1977), S. 18; Vgl. Nieder (1979), S. 10.
[185] Vgl. Moser (1977), S. 18; Nieder (1979), S. 10.

Diskurs, kann aber in folgenden Diskursen modifiziert werden. Die Aktionsforschung bezieht die Motive, Pläne und Wünsche der Betroffenen mit ein.
Im folgenden Teil wird der *Survey-Feedback-Ansatz* vorgestellt. Dieser Ansatz geht von der Grundorientierung auf die Aktionsforschung zurück. Er dient als Beispiel für die in der Betriebswirtschaft übernommenen Ansätze, die auf die Aktionsforschung zurückgeführt werden können.

Survey-Feedback-Ansatz

Dieser Ansatz kann auf Arbeiten von Kurt Lewin, den Begründer der Aktionsforschung, zurückgeführt werden. „Methodisch gesehen, bildet eine partizipativ-gestaltete *Problemdiagnose* den Kern. Die Führungskräfte und alle Mitarbeiter sollen in die Lage versetzt werden, mit Hilfe der erhobenen Daten die vorhandenen Probleme der Organisation zu erkennen."[186]
Die gewonnenen Informationen werden in Gruppen diskutiert und einem Idealmodell gegenübergestellt. Aus den Abweichungen sollen Veränderungspläne, aus der Gruppe heraus, erstellt werden. Nach der Umsetzung der Veränderungspläne findet eine erneute Datenerhebung statt. Dieser Zyklus findet so lange statt, bis das Idealmodell verwirklicht ist und keine Abweichungen mehr vorhanden sind.[187]
Diesem Ansatz ist eine Nähe zur Aktionsforschung nicht abzusprechen, allerdings ist das hier vorgegebene Idealmodell, auch wenn es in jeglicher Form austauschbar ist, nicht zwangsläufig auf den Motiven, Plänen und Wünschen der Betroffenen basierend. Hiermit erfüllt der Survey-Feedback-Ansatz nicht die Forderung nach der Orientierung am Handlungsbegriff. Dadurch wird es schwer, die angestrebte Motivierung der Mitarbeiter zu erreichen. Der Mitarbeiter wird in diesem Ansatz schnell das Gefühl erlangen, dass seine Kreativität für den vom Management bestimmten Wandlungsprozess ausgenutzt werden soll. Diese Vermutung wird durch die Tatsache ge-

---

[186] Schreyögg (2003), S. 518.
[187] Vgl. Schreyögg (2003), S. 519.

stützt, dass der Survey-Feedback-Ansatz in der Praxis nach zwei bis drei Durchgängen des Feedbacks abgebrochen wird[188].

Dieser Ansatz ist zwar partizipativ und kann ein Umdenken der Mitarbeiter anstoßen, allerdings ist die motivierende Wirkung als eher kurzfristig einzuschätzen, da dieser Ansatz häufig nach wenigen Durchgängen abgebrochen wird. Der Prozess des nachhaltigen Umdenkens ist aber eher ein längerfristiger Prozess. Aus diesen Überlegungen heraus ist die Einschätzung zu treffen, dass die Nachhaltigkeit des Umdenkens eher als gering einzuschätzen ist.

Auf die einzelnen Phasen dieses Modells wird nicht näher eingegangen, da diese im anschließenden Abschnitt, im Rahmen des Aktionsforschungsvorgehens, aufgezeigt werden. Dieses Vorgehen kann auch für den Survey-Feedback-Ansatz übernommen werden, wobei grundsätzlich kein statisches Vorgehen vorgeschrieben ist.

Hier sei darauf hingewiesen, dass die Flow-Komponenten in diesem Ansatz als Idealmodell zur Gegenüberstellung mit der Wirklichkeit dienen. Allerdings müssen die Mitarbeiter nicht durch die gleichen Komponenten intrinsisch motiviert werden. Außerdem will der Autor mit diesem Buch ein Umdenken der Mitarbeiter erreichen. Dies wäre bei diesem Ansatz nicht möglich.

Aus diesen Überlegungen heraus wird im nächsten Abschnitt die Vorgehensweise der Aktionsforschung vorgestellt.

4.2 Vorgehensweise der Aktionsforschung

Das obengenannte zyklische Modell scheint wenig detailliert zu sein. Allerdings wird das hier vorgestellte Vorgehen der gleichen Grobstruktur folgen, nur dass diese Grobstruktur detaillierter aufgeteilt wird.

Wie in dem von Peter Nieder beschriebenen Projekt, folgt der Autor dem von Mark A. Frohmann, Marshall Sashkin und Michael J. Kavanagh „[…] ausgearbeiteten Phasenmodell für den Aktionsforschungsablauf."[189]

---

[188] Vgl. Schreyögg (2003), S. 520.
[189] Nieder (1979), S. 15.

Die folgenden Phasen werden unterschieden in: „[...] Erkundung, Eintritt, Datenerhebung, Datenrückkoppelung, Diagnose, Handlungsplanung, Handlungsausführung und Erfolgskontrolle."[190]
Diese Phasen werden im Folgenden als Gliederungspunkte übernommen.

4.2.1 Erkundung und Eintritt

Es sollte eine Steuergruppe eingerichtet werden. Diese Gruppe koordiniert das Vorgehen und genehmigt die in der Phase der Handlungsplanung entwickelten Maßnahmen. Hier ist schon zu Beginn darauf hinzuweisen, dass nach Möglichkeit viele Maßnahmen umgesetzt werden sollten. Geschieht dies nicht, so wird sich das kontraproduktiv auf die Arbeit der Projektgruppen auswirken. Eine Ablehnung von Maßnahmen muss ausführlich von der Steuergruppe begründet werden. Der Wissenschaftler, die Mitarbeitervertretung und Mitarbeiter mit Entscheidungskompetenz sollten der Steuergruppe angehören.

Des Weiteren werden in dieser ersten Phase die Absichten, die Vorurteile und die Werte geklärt.[191] Der Forscher muss in dieser Phase ein Vertrauensverhältnis zu den Mitarbeitern aufbauen. Die Aktionsforschung ist als dialogisches Modell konzipiert. Hieraus lässt sich ableiten, dass der Forscher ein Vertrauen im Idealfall durch einen Dialog mit den Betroffenen aufbauen kann. Im Anschluss an die täglichen Stationsbesprechungen könnte der Forscher das Projekt und das Vorgehen erläutern. Bei dieser Gelegenheit sollte der Forscher kurz erklären, was unter der Aktionsforschung zu verstehen ist. Damit alle Mitarbeiter flächendeckend und nachhaltig informiert werden, bieten sich zusätzlich Handzettel, Informationsschreiben sowie Artikel in der Mitarbeiterzeitung an. Hierfür können auch Videos oder aufgezeichnete Interviews zum Download für die Mitarbeiter angeboten werden.

In diesen ersten Gesprächen sollten auch bereits die Gütekriterien für die wissenschaftliche Arbeit im Diskurs erläutert werden.

---
[190] Frohman/Sashkin/Kavanagh (1976), S. 133.
[191] Vgl. Nieder (1979), S. 17.

Der Wissenschaftler sollte auf die gegenseitigen Erwartungen eingehen. Hierbei sind die Erwartungen zwischen Wissenschaftler und Praktiker gemeint.

Ein weiterer zentraler Punkt in dieser Phase ist die Erläuterung der Fragestellung. Diesem Buch liegt die Fragestellung zugrunde, „[wie] die Mitarbeiter zum Qualitätsmanagement motiviert werden können." Auf diese Fragestellung sollte kurz erläuternd eingegangen werden.

Die Frage lässt sich in zwei Schlagwörter differenzieren. Zum einem *Qualität* und zum anderen *Motivation*. Hierbei geht es darum, einen Wandel in der Qualitätsauffassung der Mitarbeiter anzuregen, wobei es zuallererst darum geht, festzustellen, ob überhaupt eine neue Veränderung der Qualitätsauffassung nötig ist.

Der Motivationsaspekt muss dahingehend untersucht werden, welche Komponenten in diesem speziellen Fall, in der Mehrheit, zu einem Flow-Erleben führen.

Um über beide Aspekte diskutieren zu können, sind Informationen notwendig. Diese Informationen müssen durch Methoden erhoben werden. Hier kommt die Methodenkompetenz des Aktionsforschers zum Einsatz. Allerdings muss dieser zu diesem Zeitpunkt darauf achten, dass er keine Methode vorschreibt, sondern lediglich Methoden vorschlägt. Im *Diskurs* wird über die Methode entschieden. Dieser Diskurs sollte allerdings nicht bei dem ersten Treffen stattfinden. In diesem sollte lediglich das Vorgehen besprochen werden. Die Diskussion über die Fragestellung und die Vorstellung der Methoden zur Datenerhebung folgt in einem weiteren Diskurs.

Nachdem die Betroffenen mit dem Forscher die Methode festgelegt haben, erfolgt die Datenerhebung.

4.2.2 Datenerhebung

In dieser Phase wird auf einzelne Datenerhebungsmethoden und auf die Arbeitsgruppen eingegangen, um die für den Diskurs benötigten Informationen zu sammeln.

Eine Auswahl an Methoden zur Datensammlung bietet Heinz Moser[192] an. Bei der Datensammlung ist es wichtig, dass sich die Aktionsforschung nicht auf einen einzigen Informationstypen verlässt. Durch die Datengenerierung aus unterschiedlichen Informationstypen soll die Schlussfolgerung im Diskurs erleichtert werden. Hierdurch sind unterschiedliche Perspektiven möglich.[193]
Heinz Moser unterscheidet drei Informationstypen:

Regeln: Beispielsweise kann durch eine strukturierte bzw. unstrukturierte Beobachtung Wissen über Regeln erhoben werden. „Regeln geben die normative Orientierung von gesellschaftlichen Gruppen an, wie sie deren Selbstverständnis ausmachen und bewusst oder unbewusst als Maximen des Handelns gelten."[194]
Aber auch standardisierte bzw. offene Interviews können Regelwissen hervorbringen.

Fakten: Dieses Wissen beruht auf Fakten. Hiermit sind Daten gemeint, die durch umfassende Erhebungen nach ausgewählten Kriterien erfasst wurden. Eine statistische Erhebung über sozioökonomische Daten wäre ein Beispiel für eine Erhebung von Wissen über Fakten. „Solche Erhebungen […] ermöglichen den Bezug auf Determinanten des Verhaltens, denen nach Ansicht der Forschung bestimmte Funktionen zukommen können (Alter, schichtspezifische Faktoren, Familiengröße usw.)."[195]
Aber auch eine Literatur-, Quellen- oder Dokumentenanalyse würde Faktenwissen hervorbringen.

Ereignisse: Hierbei geht es um das Wissen, das aus Ereignissen gewonnen werden kann. Hilfreich sind hierzu die „Aufnahme von Prozessen mittels Medien (Tonband, Video) im Sinne der strukturierten bzw. unstrukturierten Beobachtung"[196] – oder eine Befragung der Betroffenen nach ihrer Einschätzung. Zur Verdeutlichung ein Beispiel: „In einem Projekt mit Ärzten zeigt sich durch Krisenexperimente, dass bestimmte Personengruppen sehr viel stärker angstbeladen sind als andere (Regelwissen). Eine statistische Erhebung zeigt, dass es sich vor allem um Personen niedriger sozialer Schichten han-

---

[192] Vgl. Moser (1977), S. 28–45.
[193] Vgl. Moser (1977), S. 50.
[194] Moser (1977), S. 50–51.
[195] Moser (1977), S. 41.
[196] Moser (1977), S. 26.

delt (Faktenwissen). Zufällig sieht ein Mitarbeiter, dass die Arztgehilfin ungemein viel freundlicher zu einem Patienten mit Promotion ist als zu einem gerade nachher an die Reihe kommenden Arbeiter (Ereignis)."[197]

Diese hier aufgezeigte Unterteilung ist wichtig, da unterschiedliche Perspektiven angesprochen werden. Es sollte die Methodenkompetenz des Forschers genutzt werden, um alle Perspektiven abdecken zu können.
Die in diesem Buch abgedeckten Fragestellungen behandeln zwei Aspekte. Zum einen soll über *Qualität* nachgedacht werden. Hierzu empfiehlt sich eine Datenerhebung bei Patienten und Mitarbeitern. Die Ergebnisse dieser beiden Erhebungen werden gegenübergestellt und können in einem anschließenden Diskurs diskutiert werden. Zur Erhebung der Daten können die Methoden nach Heinz Moser verwendet werden.
Der zweite Aspekt ist die *Motivation*. Hierzu können auch eingeschränkt die Methoden nach Heinz Moser benutzt werden. Aber vor allem zur Erfassung des Flow-Erlebens sollten spezifische Methoden zur Motivationsdiagnostik verwendet werden. Hierbei handelt es sich beispielsweise um die Flow-Kurzskala. Diese Kurzskala ermöglicht es, festzustellen, ob ein Flow-Erleben vorliegt oder nicht. Liegt kein Flow-Erleben vor, so könnte in einem Diskurs darüber diskutiert werden, welche Arbeitsbedingungen verändert werden müssten, damit es zu einem Flow-Erleben kommen kann.[198]
Diesem Vorgehen würde eher der *Survey-Feedback-Ansatz* nahekommen, da nicht alle Forderungen der Aktionsforschung erfüllt würden. Dass die von Mihaly Csikszentmihalyi beschriebenen Flow-Komponenten direkt übertragen werden können, kommt dem Idealmodell in dem Ansatz nahe.
Aus diesem Grund sollte vorher festgestellt werden, welche Komponenten bei den hier Betroffenen vorliegen müssen, um ein Flow-Erleben zu erreichen. Dies kann durch Interviews der Betroffenen erfolgen. Hierzu bietet Falko Rheinberg einen Interviewleitfaden[199] an. Durch diesen können „[...] Anreizprofile über eine interessierende Tätigkeit gewonnen werden."[200]

---

[197] Moser (1977), S. 51–52.
[198] Vgl. Rheinberg (2004), S. 44.
[199] Vgl. Rheinberg (2004), S. 49.
[200] Rheinberg (2004), S. 48.

Sind diese Profile erstellt, so kann im Diskurs ein Veränderungsplan entwickelt werden.

Auf die ausführliche Darstellung der Methoden wird verzichtet, da der Forscher seine Methodenkompetenz einbringt. Zusätzlich wäre eine vollständige Auflistung aller Methoden wohl nicht möglich.

In der Phase der Datenerhebung ist es wichtig, dass sich der Forscher aus seiner eigentlichen Rolle löst. Er darf nicht nur auf den Erkenntnisgewinn durch die Informationen aus sein, sondern muss viel mehr daran interessiert sein, dass die erhobenen Daten auch zur Lösung der Probleme führen können.

Jeder in diesem Prozess Beteiligte sollte sich darüber bewusst sein, dass dieser Prozess eine Lern- und Aufklärungschance bietet.

Allerdings wird aufgrund der Zeitknappheit der Mitarbeiter die Datenerhebung durch den Forscher und sein Team stattfinden.

Bisher wurde noch nicht näher auf die Zusammensetzung der Projektgruppen eingegangen. Da es sich hierbei um ein Projekt handelt, dessen Ziel es ist, ein Umdenken bei den Mitarbeitern zu erreichen, ist es nötig, dass nahezu alle Mitarbeiter an diesem Projekt mitarbeiten. Ein Vorschlag für die Gliederung der Projektgruppen ist die Stationsebene. Alle Mitarbeiter einer Station bilden eine Projektgruppe. Dieses Vorgehen hat zwei Vorteile: Der erste Vorteil ist die interdisziplinäre Gruppenzusammensetzung. In dieser Projektgruppe sind nicht nur Mitarbeiter einer Berufsgruppe beteiligt, sondern es sind Ärzte und Pflegekräfte beteiligt. Der zweite Vorteil ist, dass sich die Mitarbeiter leichter räumlich zuordnen lassen. So kann es beispielsweise bei der Datenerhebung zur Qualitätsauffassung zwischen chirurgischen und neurologischen Patienten zu Unterschieden kommen. Diese Unterschiede in der Qualitätsauffassung werden auch die Mitarbeiter betreffen. Durch dieses Vorgehen ist die Möglichkeit gegeben, dass die Qualitätsauffassung stationsweise erfasst wird. Dieser Vorteil ist gleich auch auf den Aspekt der Motivation zu beziehen. So sind die Arbeitsbedingungen stationsweise unterschiedlich.

Aus diesen Überlegungen heraus bietet sich ein stationsweises Vorgehen an. Dieses Vorgehen berücksichtigt allerdings nicht die Schichtarbeit. So ist vermutlich davon auszugehen, dass in den seltensten Fällen alle Mitarbeiter anzutreffen sind. Um dieses Problem zu umgehen, müssen die Daten in zwei Diskursen thematisiert werden. Das bedeutet, dass zwei Diskurse zu den gleichen Daten angeboten werden müssen. Auch hier wird nicht jeder Mitarbeiter daran teilnehmen können, allerdings ist hierbei vermutlich auch nur eine Erreichbarkeit von mehr als die Hälfte der Mitarbeiter nötig. Schon durch die Themenstellung wird ein Denkprozess angestoßen. Zusätzlich können die erhobenen Daten stationsweise aufbereitet und für einen zentralen Zugriff freigegeben werden. Dies ermöglicht den Mitarbeitern, die an beiden Terminen nicht teilnehmen können, auf die Daten zuzugreifen. Zusätzlich könnte für diese Mitarbeiter die Möglichkeit geschaffen werden, ihre Vorschläge an den Forscher weiterzuleiten, sodass dieser als Gewährperson dient. Durch dieses Vorgehen kann eine nahezu vollständige Abdeckung erreicht werden. Nachdem die Daten erhoben worden sind und die Gruppenzusammensetzung geklärt ist, kommt es im folgenden Abschnitt zu der Auswertung der Daten und zu der Problembehebung.

4.2.3 Datenrückkoppelung, Diagnose, Handlungsplanung

Die erhobenen Daten werden durch den Forscher aufbereitet. Zwischen der Erhebung der Daten und dem Diskurs sollte nach Möglichkeit nur ein kurzer Zeitraum liegen. Aus diesem Grund könnten sich schnell durchzuführende und auszuwertende Erhebungen anbieten. Eine Erhebung kann immer nur eine Momentaufnahme sein, sodass die Daten nach einer gewissen Zeit veraltet sind. Die Stationsebene kann hierfür sehr hilfreich sein, weil diese eine überschaubare Anzahl an Teilnehmern bietet. Dies sollte eine schnell durchzuführende und auszuwertende Erhebung ermöglichen. Die Bekanntgabe der Daten einige Tage vor dem stattfindenden Diskurs kann hilfreich sein[201], um den Teilnehmern die Möglichkeit zu geben, sich mit den erhobenen Daten auseinanderzusetzen.

Zu Beginn der Datenrückkoppelung und Diagnose präsentiert der Forscher die erhobenen Daten. Hierbei werden die Daten der Patienten mit den Daten der Mitarbeiter, zur Qualitätsauffassung, gegenübergestellt. Hierdurch lassen

---

[201] Vgl. von Rosenstiel (1973), S. 92.

sich Abweichungen feststellen. Über diese Abweichungen zwischen den erhobenen Daten der Patienten und der Mitarbeiter wird im Diskurs gesprochen. Eine Annäherung der Qualitätsauffassungen sollte das Ergebnis des Diskurses sein. Welche Maßnahmen zur Annäherung nötig sind, wird im Diskurs erarbeitet. Hierbei kann der Forscher, falls dies nötig wird, erneut seine Methodenkompetenz einbringen. Sollte der Prozess der Maßnahmenfindung zu lange dauern oder sollte es danach ausschauen, dass dieser keinen Erfolg bringt, so kann der Forscher Methoden zur Problemlösung vorschlagen. Der Forscher könnte von der klassischen Brainstorming-Methode bis zur Reizwort-Analyse alle Kreativitätstechniken anbieten. Hierbei ist es allerdings wiederum wichtig, dass im Diskurs über die Methode entschieden wird.

Sind im Diskurs Maßnahmen zur Veränderung erarbeitet worden, wird ein Veränderungsplan erstellt. Der Veränderungsplan sollte mindestens schriftlich festhalten, was zu welchem Zeitpunkt von wem angestoßen wird.[202] Sofern dieser Veränderungsplan nicht nur Verhaltensänderungen vorsieht, sondern auch Veränderungen anderer Art, muss dieser Plan vor der Steuergruppe vorgestellt werden. Dies sollte durch Vertreter der Gruppe geschehen. Die Steuergruppe genehmigt die Veränderungspläne und koordiniert die Umsetzung, sofern die Gruppe hierzu nicht in der Lage ist.

Die Motivationsdaten werden ähnlich wie die Qualitätsdaten im Diskurs analysiert. Sollte nach dem Survey-Feedback-Ansatz vorgegangen worden sein, so sind die Komponenten des Flow-Erlebens mit denen der erhobenen Daten aus der Flow-Kurzskala gegenüberzustellen. Sollte dem hier unterbreiteten Vorschlag gefolgt worden sein und die Flow-Komponenten wurden spezifisch erhoben, muss geprüft werden, wie die Arbeitsbedingungen so verändert werden können, dass die spezifisch erhobenen Flow-Komponenten häufiger erfüllt werden können. Auch unter dem Aspekt der Motivation wird ein Veränderungsplan erstellt. Dieser Veränderungsplan muss gleichfalls von der Steuergruppe genehmigt werden.

---

[202] Vgl. Frohman/Sashkin/Kavanagh (1976), S. 137.

Im Aktionsforschungsablauf ist der Diskurs die zentrale Instanz. Aus diesem Grund wird im Folgenden näher auf Allgemeinheiten des Diskurses eingegangen.

Diskurs

Im *Diskurs* werden die erhobenen Daten diskutiert. Hierbei ist es wichtig, dass alle Daten, alle Methoden und das ganze Vorgehen hinterfragt werden kann. Es sollte nichts vorausgesetzt werden.
Im Diskurs kommen unterschiedliche Quellen von Wissensbeständen zum Tragen. Diese Quellen werden von Heinz Moser[203] wie folgt unterteilt:

- *Alltagswissen*: Hierbei geht es um die Erfahrung, die die Betroffenen in ihrem täglichen Leben sammeln. Diese Erfahrungen sind für den Diskurs überaus wichtig. Diese Quelle kann noch mal unterschieden werden:
    - Zum einen in Regeln der Kommunikation, die jede Person aufgrund ihrer Sozialisation beherrschen sollte. Hierbei ist nicht nur die Kommunikationsfähigkeit gemeint, sondern auch die Fähigkeit, Kommunikation zu beurteilen.
    - Des Weiteren kann das Alltagswissen noch in Kenntnisse aufgeteilt werden, die eine Person durch den Umgang mit Dingen erlernt.
- *Betriebswissen*: Diese Quelle erstreckt sich im Kontakt mit gesellschaftlichen Institutionen. Hierzu zählen unter anderem die Schule, die Kirche sowie staatliche Einrichtungen und vieles mehr.
- *Vorhandenes theoretisches Wissen*: Mit dieser Kategorie ist philosophisches und wissenschaftliches Wissen gemeint, welches aber nicht speziell die Projektaufgaben betrifft.
- *Systematische Erhebungen*: Hierunter fallen die Daten, die speziell für den Diskurs erhoben werden.

---
[203] Vgl. Moser (1977), S. 66–67.

Diese unterschiedlichen Quellen sind wichtig, weil sie auch noch einmal unterschiedliche Perspektiven hervorbringen können. Diese Unterscheidung zeigt aber vor allem, dass diese Quellen von Wissensbeständen alle zugelassen werden sollten.

Dem Diskurs können auch allgemeine Regeln auferlegt werden.[204] Hierzu könnten die von Matthias Gatzemeier aufgestellten Bedingungen für eine Redepraxis verwendet werden. Diese Bedingungen nennt er, „[...] *Kriterien der rationalen Argumentation* oder – vom Redner aus gesehen – *Argumentationspflichten* [...]"[205]:

1. Alle wichtigen Worte, die nicht verstanden werden, müssen erläutert werden. Damit die Diskussion nicht unnötig verzögert wird, empfiehlt es sich, bei der Vermutung des Nichtverstehens, die wichtigen Wörter vorab zu erläutern oder bei Nachfrage im Nachhinein der Erläuterungspflicht nachzukommen.[206]
2. „Alle Behauptungen [...] müssen *begründet* werden."[207] Die Begründungspflicht herrscht vor, weil sonst „[...] der Begründungszusammenhang durchbrochen und die ganze Argumentation wertlos"[208] ist.
3. Jedes Argument kann wichtig sein und hat somit das Recht auf eine nähere Prüfung und Begründung.[209]
4. „Jeder Teilnehmer an einer Argumentation muss bereit sein, alle seine für die Begründung wichtigen Überzeugungen [...] überprüfen zu lassen und gegebenenfalls aufzugeben."[210]
5. Positive oder negative Sanktionen dürfen nicht zur Zustimmung oder Verweigerung einer Aussage führen. Da es keine herrschafts- oder sanktionsfreie Situation gibt, sind diese nach Möglichkeit aufzudecken. Somit kann der Einfluss auf die Argumentation minimiert werden.[211]

---

[204] Vgl. Moser (1977), S. 75.
[205] Gatzemeier (1975), S. 150.
[206] Vgl. Gatzemeier (1975), S. 150.
[207] Gatzemeier (1975), S. 150.
[208] Gatzemeier (1975), S. 150.
[209] Vgl. Gatzemeier (1975), S. 151.
[210] Gatzemeier (1975), S. 151.
[211] Vgl. Gatzemeier (1975), S. 151.

6. „In der Argumentation darf man sich nicht auf ein *ungeprüftes* gemeinsames Vorverständnis berufen. Solche Gemeinsamkeiten sind häufig nichts anderes als lediglich subjektive Gruppeninteressen."[212]
7. Ist ein Ergebnis zustande gekommen, sollte gefragt werden, ob die Mitarbeiter, die nicht an der Diskussion teilgenommen haben, diesem Ergebnis auch zustimmen könnten.[213]
8. Von den Teilnehmern wird Sachkunde und ein guter Wille gefordert.[214] Unter dem guten Willen ist vor allem die Bereitschaft, „[…] auf alle Argumente einzugehen, […]"[215] gemeint.

Diese allgemeinen Diskursregeln werden von Heinz Moser abgelehnt, weil dieser davon ausgeht, dass jeder Mensch durch seine Sozialisation eine grundsätzliche Kommunikationsfähigkeit erworben hat. Diese Regeln würden den Diskursprozess nur unnötig verkomplizieren und der Absicherung der Wahrheit nicht dienen.
Diese Kritik kann nicht einfach abgelehnt werden. Dennoch sind Regeln für einen Diskurs nützlich. Hierbei kommt es auf die Auslegung der Regeln an. Sollten diese Regeln zu streng ausgelegt werden, wird der Diskursprozess gestört. Allerdings sollten Regeln festgelegt werden, da gerade im Krankenhaus unterschiedliche Sozialisationsprozesse zugrunde liegen. Da hier eine interdisziplinäre Gruppenzusammensetzung vorgeschlagen wird, sind Regeln wichtig, um dominante Berufsgruppen einzuschränken.

4.2.4 Handlungsausführung

In dieser Phase werden die Veränderungspläne umgesetzt. Hierbei ist es wichtig, dass eine kontinuierliche Überwachung der Effekte stattfindet.[216] Diese Überwachung wird durch den Forscher vorgenommen. Er überwacht die Einhaltung der Veränderungspläne und hält dabei die Effekte, die durch die Veränderung entstehen, fest. Zu diesem Zeitpunkt sollte immer wieder

---
[212] Gatzemeier (1975), S. 151.
[213] Vgl. Gatzemeier (1975), S. 151.
[214] Vgl. Gatzemeier (1975), S. 152.
[215] Gatzemeier (1975), S. 152.
[216] Vgl. Frohman/Sashkin/Kavanagh (1976), S. 137.

geprüft werden, ob Widerstände gegen die Veränderungen auftreten. Mögliche Widerstände und wie auf diese reagiert bzw. agiert werden können, wird weiter unten vorgestellt. Die Phase ist stark abhängig vom Veränderungsplan. In dieser Phase sollte allerdings darauf geachtet werden, dass eine schnelle Rückmeldung an die Betroffenen stattfindet. Diese Rückmeldungen erfolgen in der Erfolgskontrolle.

4.2.5 Erfolgskontrolle

In der Phase der Erfolgskontrolle werden die Handlungsausführungen beurteilt. Hierzu werden erneut Daten zur Handlung gesammelt. Diese Daten werden in Kombination mit den festgestellten Effekten des Forschers in einen Diskurs eingebracht. Die Beurteilung der Handlungsausführung im Diskurs führt zu weiteren Bemühungen oder zur Beendigung der Handlungsausführung.[217]

Zur Beurteilung des gesamten Projektes werden die gleichen Erhebungen wie zu Beginn des Projektes durchgeführt. Hierbei sollte eine Annäherung der Qualitätsauffassung zu verzeichnen sein. Es ist darauf hinzuweisen, dass sich die Qualitätsauffassung der Patienten geändert haben kann. Diese sind vermutlich nicht mehr die gleichen Patienten wie zu Beginn des Projektes. Dennoch sollte sich eine Annäherung feststellen lassen.

Des Weiteren wird erneut die Erhebung zur Motivation durchgeführt. Sofern nicht eine übermäßig hohe Fluktuation stattgefunden hat, sollten sich hier die Daten deutlich verbessert haben.

4.3 Widerstände

Bisher wurde noch nichts über Widerstände gesagt. Die Ursachen von Widerständen sind vielfältig, genau wie dessen Kategorisierung. Für eine Übersicht von Ursachen von Widerständen siehe unter anderem bei Wolfgang H.

---

[217] Vgl. Frohman/Sashkin/Kavanagh (1976), S. 133.

Staehle[218]. In diesem Abschnitt soll es auch weniger darum gehen, dass Ursachen für Widerstände aufgezeigt werden, sondern viel mehr darum, wie Widerstände vermieden werden können.

Die wohl am häufigsten genannten Taktiken[219], um Widerstände zu vermeiden, sind die Partizipation von Mitarbeitern und die Kommunikation[220]. Diese Aspekte werden in dem oben vorgeschlagenen Implementierungsvorschlag berücksichtigt. Der Aktionsforschungsablauf ist partizipativ gestaltet, und der Diskurs als zentrale Instanz berücksichtigt die Kommunikation in allen Formen.

Um näher auf einzelne Taktiken zur Vermeidung von Widerständen einzugehen, wird im Folgenden näher auf eine Arbeit von Goodwin Watson[221] eingegangen.

Goodwin Watson unterscheidet Widerstände in drei Quellen[222]:
    A. „Von wem geht die Änderung aus?"
    B. „Welche Art von Änderung hat Erfolg?"
    C. „Wie wird die Änderung am besten durchgeführt?"

Goodwin Watson unterscheidet zwei Bereiche, von denen Änderungen ausgehen. Die Mitarbeiter sollten den Eindruck haben, dass das Projekt ihr eigenes ist. Das heißt, sie sollen nicht den Eindruck haben, dass das Projekt von einem Außenstehenden angeregt wurde. Des Weiteren wird der Widerstand gering sein, wenn die Spitzenfunktionäre das Projekt unterstützen. Diese beiden Forderungen sollten erfüllt werden. Die Mitarbeiter entscheiden eigenständig über die Projekte, hiermit werden es ihre eigenen. Die Spitzenfunktionäre müssen zu Beginn dem ganzen Projekt zustimmen, dies sollte zu einer Unterstützung führen.

Unter der Frage, welche Art von Änderung Erfolg hat, führt Goodwin Watson vier Punkte auf. Hierbei haben Projekte Erfolg, die die Belastung der Mitarbeiter verringern, mit den Werten und Idealen der Mitarbeiter im Einklang

---

[218] Staehle (1999), S. 977–980.
[219] Vgl. Kotter/Schlesinger/Sathe (1979), S. 389.
[220] Vgl. Kotter/Schlesinger/Sathe (1979), S. 389; Lippit/Langseth/Mossop (1985), S. 99; Staehle (1999), S. 981.
[221] Vgl. Watson (1975), S. 428–429.
[222] Watson (1975), S. 428.

stehen, die neue interessante Erfahrungen vermitteln und welche, die die Autonomie und Sicherheit der Mitarbeiter nicht bedrohen. Das oben beschriebene Projekt sollte alle vier Punkte bedingen. Die Mitarbeiter sind maßgeblich eigenständig für die Erarbeitung zuständig, somit dürften die vier Punkte nicht negativ beeinflusst werden.

Zu der letzten Quelle hat Goodwin Watson sechs Punkte aufgeführt. Hierbei sollten Mitarbeiter an der Diagnostik eines Problems beteiligt werden. Dies führt zu einer Übereinstimmung mit dem Grundproblem. Dieser Punkt wird von der Aktionsforschung voll erfüllt, da die Mitarbeiter eigenständig die Probleme erheben und die Behebung im Diskurs besprechen.

Die Annahme des Projektes soll übereinstimmend in der Gruppe beschlossen werden. Diese Forderung wird von der Aktionsforschung ebenfalls gefordert. Sie kann in einem Diskurs nicht völlig erfüllt werden. Wie weiter oben festgestellt, haben die Menschen unterschiedliche Sozialisationsprozesse hinter sich. Hierdurch kann es zu einer ungleichgewichteten Verteilung im Diskurs kommen. Dies wurde in bereits durchgeführten Projekten ebenfalls festgestellt und kann wohl nie ganz vermieden werden.[223]

Die weitere Forderung, dass die Anhänger des Projektes den Gegnern ein Verständnis entgegenbringen, ist gleichfalls eine Forderung der Aktionsforschung. Alle Beteiligten in einem Diskurs sind gleichberechtigte Partner.

Der Projektprozess soll ein Feedback enthalten und für weitere Klärungen offen gehalten werden. Dies wird durch den Forscher gewährleistet, der die Effekte der Handlungsausführung in Abständen an die Projektgruppe im Diskurs zurückgibt. Im Diskurs wären Korrekturen der Veränderungspläne möglich.

Goodwin Watson fordert des Weiteren, dass sich die Beteiligten gegenseitig akzeptieren, unterstützen und gegenseitiges Vertrauen und Zuversicht aufbringen. Diese Forderung sollte durch die kleine Gruppengröße und die Verantwortung für die eigene Station realisiert werden können. Bestehen vor Projektbeginn bereits starke Akzeptanz- oder Vertrauensprobleme, werden diese durch das Projekt wohl eher nicht vermindert.

Als letzte Forderung zur Minimierung von Widerständen stellt Goodwin Watson auf, dass das Projekt auch abgeändert werden kann, wenn die Erfahrung

---

[223] Vgl. Nieder (1979), S. 24.

mit der Veränderung keine Verbesserung zeigt. Auch diese Forderung wird in der Aktionsforschung aufgestellt. Wenn die Rückmeldungen über die Effekte der Veränderungen im Diskurs als negativ beurteilt werden, können die Veränderungspläne umgearbeitet werden.

Grundsätzlich ist noch anzumerken, dass Widerstände im Idealfall innerhalb eines Projektes an Stärke verlieren. Zu Beginn eines neuen Projektes werden die Opponenten in der Mehrzahl sein.[224]
Insgesamt kann festgehalten werden, dass die von Goodwin Watson aufgestellten Punkte theoretisch erfüllt werden. Somit sollten nur geringe Widerstände zu befürchten sein. Allerdings wird ein Projekt nie ohne Widerstände durchgeführt werden können. Hierbei kann es nur darum gehen, die Widerstände so gering wie möglich zu halten.

---

[224] Vgl. Watson (1975), S. 416.

5 Zusammenfassung und Ausblick

Im Rahmen des hier vorliegenden Buches konnte ein theoretischer Implementierungsvorschlag erarbeitet werden. Dieser Vorschlag enthält einen partizipativ-gestalteten Kern. Es geht darum, dass die Mitarbeiter durch einen kommunikativen Prozess einen Wandel in der Qualitätsauffassung erleben. Durch die partizipativ-gestaltete Problemdiagnose und die ebenso eigenständig erarbeitete Problemlösung kann eine motivierende Wirkung von dem Vorschlag ausgehen.

Des Weiteren ist der Vorschlag motivierend, da die Arbeitsgestaltung durch die Mitarbeiter verändert wird. Das Buch bietet konkrete Vorschläge, die aus dem Flow-Konzept und dem Job-Characteristics-Modell erarbeitet wurden. Um aber noch mehr auf die individuelle Situation des Krankenhauses, der Mitarbeiter und die zyklische Methode Rücksicht zu nehmen, sollten diese Empfehlungen nicht ohne Prüfung übernommen werden.

Der Vorschlag sieht eine wissenschaftliche Begleitung in der Implementierung vor. Durch den Forscher kann der Prozess begleitet und anschließend bewertet werden. Hierdurch wird eine Evaluation und eine Anpassung des Vorschlages möglich, sodass die noch wenig vorhandenen Implementierungsvorschläge zur Steigerung der intrinsischen Motivation weitere Anregungen erhalten. Aus der Anpassung des Vorschlages kann später eine Methode zur problemorientierten Implementierung eines Motivationskonzeptes zum Qualitätsmanagement erarbeitet werden.

Das vorliegende Buch hat damit die Fragestellung beantwortet und einen theoretischen Vorschlag erarbeitet. Dieser Vorschlag soll in einem Krankenhaus umgesetzt und von einem Forscher begleitet werden. Durch die entstehende Anpassung dieses Konzeptes wird eine Methode entwickelt, die dazu führt, dass Krankenhausmitarbeiter den Sinn in ihrer Tätigkeit wiedererkennen und ihre Arbeit freudvoller ausführen.

Durch die intrinsische Motivation der Mitarbeiter steigt die Qualität, die der Patient wahrnimmt. Hierdurch steigen die positiven Patientenbeurteilungen und das Krankenhaus kann auch in finanziell schwierigen Zeiten, durch eine hohe Auslastung, seine Existenz und damit die Arbeitsplätze sichern.

Literaturverzeichnis

Abbott, L. (1955): Quality and Competition, Columbia University Press, New York 1955.

Aebli, H. (2008): Zur Einführung, in: Csikszentmihalyi, M. (2008): Das flow-Erlebnis, 10. Aufl., Klett-Cotta, Stuttgart 2008.

ASQ – Arbeitsgemeinschaft für Qualitätssicherung und Statistik (1968): Begriffserläuterungen und Formelzeichen im Bereich der statischen Qualitätskontrolle, 2. Aufl., Berlin, Frankfurt a. M. 1968.

Badura, B./Feuerstein, G./Schott, Th. (Hrsg. 1993): System Krankenhaus, Juventa Verlag, Weinheim 1993.

Broh, R. A. (1982): Managing Quality for Higher Profits, McGraw-Hill, New York 1982.

Bruhn, M. (2004): Marketing, 7. Aufl., Gabler Verlag, Wiesbaden 2004.

Bülow, M./Ottersbach, H.-G. (1977): Aktionsforschung, Interdisziplinäres Zentrum für Hochschuldidaktik (IZHD) der Universität Hamburg, Hamburg 1977.

Crosby, L. A. u. a. (1990): Relationship Quality in Services Selling: An Interpersonal Influence Perspective, in: Journal of Marketing, Heft 3.

Crosby, P. B. (1994): Qualität 2000, Hanser Verlag, München, Wien 1994.

Crosby, P. B. (1979): Quality Is Free, McGraw-Hill, New York 1979.

Csikszentmihalyi, M. (2008): Das flow-Erlebnis, 10. Aufl., Klett-Cotta Verlag, Stuttgart 2008.

Csikszentmihalyi, M. (1975): Das flow-Erlebnis, Klett-Cotta Verlag, Stuttgart 1975.

Deming, W. E. (1982): Out of the Crisis. Quality, Productivity and Competitive Position. Cambridge.

DIN – Deutsche Institut für Normung (2000): DIN EN ISO 9000:2000-12, Qualitätsmanagementsysteme Grundlagen und Begriffe, Beuth Verlag, Berlin, Wien, Zürich 2000.

DIN – Deutsche Institut für Normung (1987): DIN-Term, Qualitätsmanagement, Statistik, Zertifizierung, Begriffe aus DIN-Normen, 2. Aufl., Beuth Verlag, Berlin, Wien, Zürich 1995.

DIN – Deutsche Institut für Normung (1979): DIN 55 350, Teil 11, Entwurf zu „Begriffe der Qualitätssicherung und Statistik", Berlin 1979, ausgearbeitet vom Ausschuss Qualitätssicherung und angewandte Statistik (ASQ).

Dögl, R. (1986): Strategisches Qualitätsmanagement im Industriebetrieb, Bd. 14, Innovative Unternehmensführung, Vandenhoeck & Ruprecht, Göttingen 1986.

Donabedian, A. (1980): The Definition of Quality and Approaches to its Assessment, Volume I, Explorations in Quality, Assessment and Monitoring, Health Administation Press, Ann Arbor, Michigan 1980.

Edwards, C. D. (1968): The Meaning of Quality, in: Quality Progress, October 1968.

Eichhorn, S. (1997): Integratives Qualitätsmanagement im Krankenhaus, Kohlhammer Verlag, Stuttgart 1997.

Eichhorn, S. (1987): Krankenhausbetriebslehre: Theorie und Praxis der Krankenhaus-Leistungsrechnung, Bd. 3, Kohlhammer Verlag, Köln, Stuttgart, Berlin, Mainz 1987.

Feigenbaum, A. V. (1961): Total Quality Control, McGraw-Hill, London 1961.

Felser, G. (2008): Motivationstechniken, 3. Aufl., Cornelsen Verlag, Berlin 2008.

Frohman, M. A./Sashkin, M./Kavanagh, M. J. (1976): Action-Research as Applied to Organization Development, in: Organization and Administrative Sciences, Bd. 7, 1976.

Garvin, D. A. (1984): What Does „Product Quality" Really Mean?, in: Sloan Management Review, Jg. 26, Herbst 1984.

Gatzemeier, M. (1975): Grundsätzliche Überlegungen zur rationalen Argumentation, in: Künzli, R. (Hrsg.), Curriculumentwicklung – Begründung und Legitimation, Kösel Verlag, München 1975.

Gilmore, H. L. (1974): Product Conformance Cost, in: Quality Progress, June 1974.

Hackman, J. R./Oldham, G. R. (1980): Work redesign, Addison-Wesley, Reading, Massachusetts, et al. 1980.

Heckhausen, H. (1989): Motivation und Handeln, 2. Aufl., Springer Verlag, Berlin, u. a. 1989.

Heckhausen, J./Heckhausen, H. (2006): Motivation und Handeln: Einführung und Überblick, in: Heckhausen, J./Heckhausen, H. (Hrsg., 2006), Motivation und Handeln, 3. Aufl., Springer Medizin Verlag, Heidelberg 2006.

Hügli, A./Lübcke, P. (Hrsg., 2001): Philosophielexikon, 4. Aufl., Rowohlt Taschenbuch Verlag, Hamburg 2001.

Ishikawa, K. (1983): Qualität und Qualitätsmanagement in Japan, in: Probst, G. J. B. (Hrsg., 1983), Qualitätsmanagement – ein Erfolgspotential, Paul Haupt Verlag, Bern 1983.

Juran, J. M. (1974): Quality Control Handbook, Third Edition, McGraw Hill, New York, u. a. 1974.

Kahla-Witzsch, H. A. (2003): Zertifizierung im Krankenhaus nach DIN EN ISO 9001:2000, Kohlhammer Verlag, Stuttgart 2003.

Kaltenbach, T. (1993): Qualitätsmanagement im Krankenhaus, 2. Aufl., Bibliomed – Medizinische Verlagsgesellschaft mbH, Melsungen 1993.

Kamiske, G. F./Brauer, J. P. (2008): Qualitätsmanagement von A bis Z, 6. Aufl., Hanser Verlag, München 2008.

Kirchner, A./Kaufmann, H./Schmid, D. (2007): Qualitätsmanagement, Arbeitsschutz und Umweltmanagement, Verlag Europa-Lehrmittel, Hann-Gruiten 2007.

Kirsch, W./Gabele, E. (1976): Aktionsforschung und Echtzeitwissenschaft, in: Bierfelder, W. (Hrsg. 1976), Handwörterbuch des öffentlichen Dienstes. Das Personalwesen, Berlin 1976.

Klüver, J./Krüger, H. (1972): Aktionsforschung und soziologische Theorien, in: Haag, F./Krüger, H./Schwärzel, W. (Hrsg. 1972), Aktionsforschung. Forschungsstrategien, Forschungsfelder und Forschungspläne, Juventa-Verlag, München 1972.

Kotter, J. P./Schlesinger, L. A./Sathe, V. (1979): Organization, Richard D. Irwin Verlag, Homewood, Ill., u. a. 1979.

Kuehn, A. A./Day, R. L. (1962): Strategy of Product Quality, in: Harvard Business Review, November – December 1962.

Lawler, E.E. (1977): Motivierung in Organisationen, Verlag Paul Haupt, Bern und Stuttgart 1977.

Leffler, K. B. (1982): Ambiguous Changes in Product Quality, in: American Economic Review, December 1982.

Lerner, F. (1980): Geschichte der Qualitätssicherung, in: Masing, W. (Hrsg., 1980), Handbuch der Qualitätssicherung, Hanser Verlag, München, Wien 1980.

Lillrank, P./Kano, N. (1989): Continuous Improvement. Quality Control Circles in Japanese Industry. Ann Arbor.

Lippit, G./Langseth, P./Mossop, J. (1985): Implementing Organizational Change, Jossey-Bass Publisher, San Francisco, Washington, London 1985.

Lueken, G. L. (1992): Inkommensurabilität als Problem rationalen Argumentierens, Verlag frommann-holzboog, Stuttgart, Bad-Cannstatt 1992.

Masing, W. (1983): Qualität und Qualitätsmanagement in Europa und den USA, in: Probst, G. J. B. (Hrsg., 1983), Qualitätsmanagement – ein Erfolgspotential, Paul Haupt Verlag, Bern 1983.

Masing, W. (1980): Qualitätspolitik des Unternehmens, in: Masing, W. (Hrsg. 1980), Handbuch der Qualitätssicherung, Hanser Verlag, München, Wien 1980.

Masing, W. (1972): Qualitätslehre, Beuth Verlag, Berlin, Frankfurt a. M. 1972.

Mauerer, A. A./Schebesta, W. (1997): Qualitätsmanagement im Krankenhaus, Verlag Orac, Wien 1997.

Mittelstraß, J. (Hrsg., 2004): Enzyklopädie Philosophie und Wissenschaftstheorie, Bd. 3: P-So, J. B. Metzler Verlag, Stuttgart, Weimar 2004.

Moser, H. (1977): Methoden der Aktionsforschung, Kösel-Verlag, München 1977.

Mühlbauer, B. H. (2002): Qualitätsmanagement im Krankenhaus zwischen Akkreditierung, Zertifizierung und Total Quality Management, in: Geisen, R./ Mühlbauer, B. H. (Hrsg. 2002), Bd. 1, Management und Humanität im Gesundheitswesen, 2. Aufl., LIT Verlag, Münster, Hamburg, London 2002.

Nerdinger, F. W., Blickle, G., Schaper, N. (2008): Arbeits- und Organisationspsychologie, Springer Medizin Verlag, Heidelberg 2008.

Nerdinger, F. W. (2004): Motivation, in: Schreyögg, G./v. Werder, A. (2004 Hrsg.), Handwörterbuch Unternehmensführung und Organisation, 4. Aufl., Schäffer-Poeschel Verlag, Stuttgart 2004.

Niechzial, M. (2007): Qualitätsmanagement im Gesundheitswesen, in: Nagel, E. (Hrsg. 2007), Das Gesundheitswesen in Deutschland, 4. Aufl., Deutscher Ärzte-Verlag, Köln 2007.

Nieder, P. (1979): Aktionsforschung: Anspruch und (Versuch der) Realisierung in einem Projekt zur Verbesserung von Arbeitsbedingungen und Reduzierung von Fehlzeiten, Arbeitspapier des Fachbereiches Wirtschaftswissenschaften der Gesamthochschule Wuppertal, Nr. 36, 1979.

Oess, A. (1989): Total Quality Managment, Gabler Verlag, Wiesbaden 1989.

Oppen, M. (1996): Qualitätsmanagement, in: Böhret, C., u. a. (Hrsg.), Bd. 6, Modernisierung des öffentlichen Sektors, 2. Aufl., edition sigma rainer bohn verlag, Berlin 1995.

Prisig, R. M. (1974): Zen and the Art of Motorcycle Maintenance, Bantam Books, New York 1974.

Rheinberg, F. (2008): Motivation, in: v. Salisch, M./Selg, H./Ulich, D. (Hrsg.), Bd. 6, Grundriss der Psychologie, 7. Aufl., W. Kohlhammer Verlag, Stuttgart 2008.

Rheinberg, F. (2004): Motivationsdiagnostik, Bd. 5, Kompendien Psychologische Diagnostik, Hogrefe, Göttingen u.a. 2004.

Rheinberg, F. (1996): Flow-Erleben, Freude an riskantem Sport und anderen „unvernünftige" Motivationen, in: Kuhl, J./Heckhausen, H. (Hrsg. 1996), Motivation, Volition und Handlung. Enzyklopädie der Psychologie (C/IV/4, S. 101–118), Hogrefe, Göttingen 1996.

Rosenstiel, L. v. (2001): Motivation im Betrieb. Mit Fallstudien aus der Praxis, 10. Aufl., Rosenberger Fachverlag, Leonberg 2001.

Rosenstiel, L. v. (1973): Motivation im Betrieb, Bd. 1, Psychologie im Betrieb, 2. Aufl., Wilhelm Goldmann Verlag, München 1973.

SAQ – Schweizerische Arbeitsgemeinschaft für Qualitätssicherung (1973): Richtlinie für die Qualitätsberichterstattung, Bern 1973.

Scherer, A. G. (2006): Kritik der Organisation oder Organisation der Kritik? – Wissenschaftstheoretische Bemerkungen zum kritischen Umgang mit Organisationstheorien, in: Kieser, A./Ebers, M. (Hrsg. 2006), Organisationstheorien, 6. Aufl., Kohlhammer Verlag, Stuttgart 2006.

Schreyögg, G. (2003): Organisation, 4. Aufl., Gabler Verlag, Wiesbaden 2003.

SGB V (2006): SGB V – Gesetzliche Krankenversicherung, 14. Aufl., Verlag C. H. Beck, München 2006.

Shewhart, W. A. (1931): Economic Control of Quality of Manufactured Product. Van Nostrand.

Staehle, W. H. (1999): Management, 8. Auflage, Vahlen Verlag, München 1999.

Steinmann, H./Scherer, A. G. (1994): Lernen durch Argumentieren: Theoretische Probleme konsensorientierten Handelns, in: Albach, H. (Hrsg.), Globale Soziale Marktwirtschaft. Festschrift für Santiago Garcia Echevaria, Gabler Verlag, Wiesbaden 1994.

Terkel, S. (1974): Working, Pantheon, New York 1974.

Thomae, H. (1965): Zur allgemeinen Charakteristik des Motivationsgeschehens, in: Thomae, H. (Hrsg.), Motivation. Handbuch der Psychologie, Bd. 3, Hogrefe, Göttingen 1965.

Tuchman, B. W. (1980): The Decline of Quality, in: New York Times Magazine, 2. November 1980.

Wadsack, R./Mühlbauer, B. H./Niehaus-Malytczu, B. (1999): Neue Wege zur kundenorientierten Personalarbeit im Krankenhaus, Arbeitspapier Nr. 5, Beschäftigungswirksame Arbeitszeit- und Organisationsmodelle im Krankenhaus – BAzOK, Bernd H. Mühlbauer Krankenhaus- und Unternehmensberatung, Dortmund 1999.

Watson, G. (1975): Widerstand gegen Veränderung, in: Bennis, W. G./ Benne, K. D./Chin, R. (Hrsg.), Änderung des Sozialverhaltens, Klett-Verlag, Stuttgart 1975.

Weinert, F. E. (1991): Vorwort zur deutschsprachigen Ausgabe, in: Csikszentmihalyi, M./Csikszentmihalyi, I. S. (Hrsg. 1991), Die außergewöhnliche Erfahrung im Alltag. Die Psychologie des Flow-Erlebens, Klett-Cotta, Stuttgart 1991.

Wermke, M./Kunkel-Razum, K./Scholze-Stubenrecht, W. (Hrsg., 2007): Das Fremdwörterbuch, Bd. 5, Der Duden in zwölf Bänden, 9. Aufl., Dudenverlag, Mannheim, Leipzig, Wien, Zürich 2007.

Wucher, H. (1981): Was ist Qualität?, in: Industrielle Qualitätssicherung in der Fertigung elektronischer und elektromechanischer Bauelemente, Vogel Verlag, Würzburg 1981.

Quellen im Internet:

Beuth Verlag (Hrsg. 28.07.2009): Berichtigungsinformation, URL: http://www.beuth.de/langanzeige/DIN+EN+ISO+9000%3A2000-12/de/38380303.html&limitationtype=&searchaccesskey=MAIN,
Stand 2009, Abfrage 28.07.2009.

EFQM (Hrsg. 28.07.2009): Die Grundkonzepte der Excellence, URL: http://www.deutsche-efqm.de/download/Grundkonzepte_2003.pdf,
Stand 2003, Abfrage 28.07.2009.

KTQ (Hrsg. 28.07.2009): Kurzbeschreibung des Zertifizierungsverfahrens, URL: http://www.ktq.de/ktq_media/pdf_2006/
Verfahrenskurzbeschreibung_01_2006.pdf,
Stand 01.2006, Abfrage 28.07.2009.

ProCum Cert (Hrsg. 28.07.2009): Homepagetext, URL: http://www.procum-cert.de/,
Stand 2009, Abfrage 28.07.2009.

Wilkesmann, U. (16.–17.05.2003): Wissensarbeit und self-governance, URL: http://www.orgsoz.org/wilkesmann.pdf,
Stand 2003, Abfrage 17.08.2009.

Vorträge:

Spitzer, M. (2006): Lernen, in: Kahl, R. (2006): Lernen. Die Entdeckung des Selbstverständlichen. Ein Vortrag von Manfred Spitzer, Archiv der Zukunft, Hamburg 2006.

Autorenprofil

Oliver Steidle wurde 1982 in Schwelm geboren. Nach seinem Zivildienst im Altenheim absolvierte er seine Berufsausbildung zum Groß- und Außenhandelskaufmann beim deutschen Marktführer für Krankenhaustextilien. Nach seiner Berufsausbildung entschied sich der Autor seine fachlichen Qualifikationen im Bereich Gesundheitswesen durch ein Studium weiter auszubauen. Das Diplomstudium der Wirtschaftswissenschaften mit dem Schwerpunkt: Management im Gesundheitswesen an der Fachhochschule Gelsenkirchen schloss er im Jahr 2009 erfolgreich ab. Bereits während des Studiums sammelte der Autor umfassende praktische Erfahrungen im Gesundheitswesen. Aus diesen Erfahrungen entwickelte der Autor seine eigene Vorstellung vom Qualitätsmanagement im Gesundheitswesen und hier speziell im Krankenhaus. Das hier vorliegende Buch ist sein Erstlingswerk.